JESUCRISTO
EL SANADOR

por T. L. OSBORN

CENTROS DE LITERATURA CRISTIANA

CENTROS DE LITERATURA CRISTIANA
en los países de habla hispana

Chile: **Cruzada de Literatura Cristiana**
Clasificador 701
Santiago, Chile

Colombia: **Centros de Literatura Cristiana**
Apartado 29724
Bogotá 1, D.E., Colombia

España: **Centro de Literatura Cristiana**
Apartado 20.017
Madrid, España

Panamá: **Librería Caribe**
Apartado 3139
Panamá 3, Panamá

Uruguay: **Centro de Literatura Cristiana**
Casilla 351
Montevideo, Uruguay

Venezuela: **Centro de Literatura Cristiana**
Apartado 563
Barquisimeto, Venezuela

ISBN 958-9149-23-5

INDICE

CAPITULO   **PAGINA**

Introducción por el Autor   7
1. Jesucristo el Sanador   10
2. Sanidad Divina para Todos   32
3. Sanidad Divina en la Expiación   44
4. Sanidad Divina en la Santa Cena   57
5. El Nombre de Jesucristo   82
6. El Desafío de los Demonios   95
7. La Autoridad del Creyente 134
8. Veinte Pruebas 142
9. Siete Tradiciones 148
10. Treinta Preguntas 168
11. La Oración de Fe 175
12. El Testimonio de la Fe 188
13. El Secreto de la Fe 208
14. Cómo Ser Salvos 232
Conclusión 246

INTRODUCCION POR EL AUTOR

Es con profundo interés y simpatía hacia los enfermos y dolientes, y un deseo de verlos curados que he emprendido la publicación de este libro para los pueblos de habla hispana en el mundo.

A los millones de sufrientes, cuyos piés cansados y heridos por las espinas han pisado la escabrosa senda de la aflicción, a los débiles que tienen tanta necesidad de fuerza, y a los fuertes cuyo corazón se alegraría de ser hábil en la fe para prestar socorro a los débiles, este libro es humildemente dedicado en el Nombre de El quien se dió a Sí mismo por nosotros y por cuyas heridas somos nosotros curados.

No tenemos observaciones que ofrecer al escéptico y al incrédulo, más bien hemos procurado, con gran cuidado y diligencia presentar las verdades positivas y sanas del Evangelio que sirven para crear fe vital hoy.

Publicamos este volúmen con la oración para que cientos de miles de personas sean fortalecidos en la "fe que ha sido una vez dada a los santos"

y para que multitudes acepten a Jesucristo como
su Sanador, así como su Salvador; y así puedan
decir con el Salmista:

> *"Bendice, alma mía, a Jehová, y no olvi-*
> *des NINGUNO de sus beneficios: El es*
> *Quien perdona TODAS tus iniquidades,*
> *El que sana TODAS tus dolencias"*
>   Salmo 103:2-3.

Mientras lees estas páginas, deseo que tú, que
estás enfermo y sufres, sepas que mi pluma fluye
libre con alegres nuevas de bendición para tí
individualmente; mi corazón palpita de gozo
mientras veo salir en el horizonte de tu día
"el Sol de Justicia, trayendo salud en Sus alas"
(Mal. 4:2). Aprópiate las verdades y divinas
promesas de Dios aquí expuestas. El Libro sa-
grado de Dios, la Biblia, fue inspirado y escrito
para tí. Las promesas de las Sagradas Escrituras
son para tí.

Sorprendería al mundo leer la corriente de testimonios que fluye continuamente hasta nuestra
oficina, por correo, y que son puestos en nuestras manos por aquellos que asisten a las campañas. Hemos incluído unos pocos en este libro;
no son casos excepcionales, sino ejemplos co-
rrientes de cientos de otros. Cada milagro de
curación es otra bondadosa prueba de que Dios
ansía intensamente sanar a todos. Cientos han
sido milagrosamente restaurados mientras leían
los mensajes colocados ante tus propios ojos y
puestos al alcance de sus propias manos. Tú lee
ahora con corazón abierto; cree las promesas de
Dios; recibe fe en tu propio corazón y sé reve-
rente, porque el Maestro, Jesús el Cristo, está a
tu lado ahora mismo para *confirmar Su Palabra*
con las señales que siguen", y con Sus manos
extendidas para hacer señales y maravillas por

tí al creer tú Sus Palabras.

Cuando cientos de miles experimenten liberación del amargo remordimiento del pecado y de
sus largas noches de dolor, y cuando mis compañeros ministros reciban nueva fe e inspiración
para salir y predicar las benditas verdades de
JESUCRISTO COMO EL SANADOR, TANTO
COMO EL SALVADOR cuyo poder aún no ha
cambiado, y quien El Mismo es *"el mismo ayer,
y hoy y por los siglos"*, entonces verdaderamente me regocijaré y toda la gloria será Suya.

Evangelista T.L. Osborn

1

JESUCRISTO EL SANADOR

Sermón predicado por El Evangelista T.L. Osborn en el Estadio "Las Casas" San Juan, Puerto Rico. (Tomado Taquigràficamente).

Buenas noches a todos. Estamos de nuevo aquí esta noche para declarar las promesas de Dios y para esforzarnos en ayudar a aquellos de vosotros que creéis en estas promesas que están manifestadas en la Biblia. La Biblia es un registro de las promesas de Dios para el hombre y de las condiciones bajo las cuales El ha de cumplirlas. Amo la Biblia. Amo el Plan de Dios.

Predicando . . . Sanando

En Mateo 4:23-24, la Biblia dice esto: "Y recorrió Jesús toda Galilea, enseñando en las sinagogas de ellos, y PREDICANDO el evangelio del reino, y SANANDO toda enfermedad y toda dolencia en el pueblo. Y se difundió su fama por toda Siria; y le trajeron todos los que tenían dolencias, los afligidos por diversas enfermedades y tormentos, los endemoniados, lunáticos y paralíticos, y los sanó".

Jesús siempre predicaba y enseñaba, predicaba y

enseñaba, predicaba y enseñaba, y luego sanaba a sus enfermos. Pero siempre predicaba pri-mero. Eso es lo que yo estoy haciendo en esta noche.

Alguna gente tiene la idea que Jesús meramente sanaba a cualquier persona que estuviera enfer-ma dondequiera que la encontrara. El sanaba a aquellos que le seguían y creían Sus palabras. Y aún sana El a aquellos que Le siguen y creen Su Palabra.

El predicó y enseñó en la sinagoga, entonces sanó a los enfermos y a los poseídos de demo-nios. El no ha cambiado.

Repetidamente la Biblia dice que grandes multi-tudes seguían a Jesús y El tenía compasión de ellos y sanaba a sus enfermos. Todavía El lo hace.

Precisamente anoche, aquí mismo en el audito-rio, tres enfermos mentales fueron completa-mente restablecidos por el poder de Dios. Creo que si cien lunáticos fueran traídos a la cam-paña, Dios desearía sanar a cada uno de ellos. Si mil pacientes de cáncer fueran traídos a las reuniones, Dios sanaría a cada uno de ellos si pudiera obtener la cooperación apropiada.

Busquen el capítulo ocho (8) de San Mateo. Deseo que ustedes vean todo lo que este capítu-lo dice sobre sanidad solamente. Noten en cuan-tos sitios diferentes vemos a Jesús, y en cada lu-gar que le vemos está bendiciendo y sanando a los enfermos. El no ha cambiado.

Sanando en Todas Partes

Versículo 1: *"Y como descendió del monte,* le seguía mucha gente. Y he aquí vino un lepro- so y se postró ante él, diciendo: Señor, si quie- res, puedes limpiarme". Y Jesús sanó al leproso.

Versículo 5: *"Y entrando Jesús en Capernaum,* vino a Él un centurión, rogándole, y diciendo: Señor, mi criado está postrado en casa, parali- tico, gravemente atormentado". Y Jesús sanó a su siervo.

Versículo 14: *"Y vino Jesús a casa de Pedro,* y vio a la suegra de éste postrada en cama, con fie- bre. Y tocó su mano, y la fiebre la dejó".

Versículo 16: *"Y cuando llegó la noche,* trajeron a Él muchos endemoniados; y con la palabra echó fuera a los demonios, y sanó a todos los enfermos".

Versículo 28: *"Cuando llegó a la otra orilla, a la tierra de los Gadarenos,* vinieron a su encuentro dos endemoniados que salían de los sepulcros, feroces en gran manera, tanto que nadie podía pasar por aquel camino". Y Jesús echó fuera los demonios y los hombres recobraron su normali- dad.

Capítulo 9:1: *"Entonces, entrando Jesús en la barca, pasó al otro lado y vino a su ciudad.* Y sucedió que le trajeron un paralítico, tendido sobre una cama". Y Jesús sanó al hombre com- pletamente.

Versículo 18: *"Mientras Él les decía estas cosas,* vino un hombre principal y se postró ante Él, diciendo: Mi hija acaba de morir; mas ven y pon tu mano sobre ella, y vivirá. Y se levantó Jesús, y le siguió" yendo hacia su casa para sanar la niña.

Versículo 20: *"Y mientras iba a sanar a la niña,* he aquí una mujer enferma de flujo de sangre desde hacía doce años, se le acercó por detrás y tocó el borde de su manto"; y Jesús la sanó.

Versículo 27: *Pasando Jesús de allí,* (de la casa en donde había resucitado a la niña muerta), le siguieron dos ciegos, dando voces y diciendo: ¡Ten misericordia de nosotros, Hijo de David!". Y Jesús tocó sus ojos y fueron sanados.

Versículo 32: *"Mientras salían ellos,* he aquí, le trajeron un mudo, endemoniado", y Jesús libertó al hombre.

Versículo 35: "Recorría Jesús *todas las ciudades y aldeas,*enseñando en las sinagogas de ellos, y predicando el evangelio del reino, y sanando toda enfermedad y toda dolencia en el pueblo".

En todas partes, Jesús estaba predicando el evangelio y sanando los enfermos. Donde quiera que usted ve a Jesús, está sanando a los enfermos. Siempre predicando. Siempre sanando.

El resultado fue, que en todo lugar donde la gente oyó que El estaba, "recorriendo toda la tierra de alrededor, comenzaron a traer de todas partes enfermos en lechos a donde oían que estaba, *y a dondequiera que entraba, en aldeas, o ciudades, o heredades,* ponían en las calles a los que estaban enfermos, y le rogaban que tocasen siquiera el borde de su vestido; y todos los que le tocaban quedaban sanos" (Mr. 6:55-56).

Mateo 12:9: *"Pasando de allí, vino a la sinagoga
de ellos.* Y he aquí había allí uno que tenía
seca una mano"; y Jesús le ordenó extenderla y
ser sanado.

Versículo 14: "Y salidos los fariseos, tuvieron
consejo contra Jesús para destruirle", pero
mientras estaban conspirando para matarle,
"Sabiendo esto Jesús, se apartó de allí; *y le
siguió mucha gente, y sanaba a todos".*

Marcos 7:24: "Levantándose de allí, *se fue a la
región de Tiro y de Sidón;* y entrando en una
casa", una mujer que tenía una hija poseída de
demonios, le hizo presión hasta que sanó a su
hija.

El Sanador Inmutable

En todas partes que vemos al Maestro, El estaba
siempre sanando a los enfermos, ya en las calles
o en los mercados; ya en las riberas del mar o en
las sinagogas; ya en el campo o en las ciudades y
aldeas; por todas partes estaba El sanando los
enfermos. Su gran compasión y amor por los
enfermos nunca le permitiría pasar por alto el
clamor del necesitado. Y la Biblia claramente
declara: *"Jesucristo es el mismo ayer, y hoy, y
por los siglos",* (Hebreos 13:8).

Si Cristo Viniera a Esta Ciudad

Jesús sanó siempre a los enfermos. Si El, en persona, estuviera aquí hoy, ¿qué cree usted que El
haría? Sanaría a los enfermos.

Si Cristo viniera a esta gran ciudad para conducir

una campaña, ¿ignoraría los lamentos de aquellos que sufren por causa de enfermedad? ¡No!
Sanaría a los enfermos.

Y nosotros somos sus representantes. Se supone
que actuemos como El lo hizo. Como un ministro del Evangelio y como un discípulo de Cristo,
soy responsable de ministrar a los enfermos. Esa
no es necesariamente mi elección, pero es mi responsabilidad.

No tenemos derecho a decir: *"Me siento particu-
larmente atraído a esta fase del ministerio"*.
Si predicamos el Evangelio, somos responsables
de predicar la Sanidad Divina, porque eso es
parte del Evangelio. Jesús me dijo, y así también
a cada uno de Sus discípulos: *"El que en mí cree,
las obras que yo hago, él las hará también . . .
porque yo voy al Padre"*, (Juan 14:12).

Si El viniera aquí personalmente a celebrar una
campaña, sanaría a los enfermos, y El dijo:
*"Como Tú me enviaste al mundo, también los
he enviado al mundo"* (Juan 17:18). Esto lo dijo
El a todos los que le seguían de cerca.

Representantes de Cristo

Somos los representantes de Cristo. Somos Sus
seguidores. Somos Sus embajadores. Tenemos
que traerle ante ustedes. Tenemos que actuar representativamente en Su Nombre. Por tanto,
en esta campaña estamos orando por los enfermos, y la gente está viniendo a recibir Sus bendiciones. El está aquí esta noche, no en forma física, pero sí de modo espiritual. *El está aquí en
Espíritu y en Verdad*. En esa capacidad, El está
aquí con el mismo poder y autoridad que ten-

dría si estuviera aquí en forma física. *El está aquí en la Persona de Su Palabra, y en la Persona de Su Espíritu.* Si creemos Su Palabra, es igual a tenerlo a El presente en persona. Cuando nosotros actuamos basados en Su Palabra escrita, estamos haciendo lo mismo que los discípulos cuando actuaban conforme a Su Palabra hablada.

Durante siete años prediqué el Evangelio de perdón sin declarar los beneficios de la sanidad para el cuerpo. Hubo unos pocos convertidos por los cuales estoy profundamente agradecido. Un alma es digna de toda una vida de ministerio. Pero desde que he estado predicando los beneficios de la sanidad conjuntamente con los beneficios del perdón (Salmo 103:3), he visto más almas convertidas en una sola noche, que las que vi convertirse anteriormente durante los siete años combinados de mi ministerio sin predicación de sanidad divina.

Por Qué Las Multitudes

CRISTO ofreció los beneficios físicos de Su Padre a la gente y la Biblia dice: *"Y le seguía gran multitud, porque veían las señales que hacía en los enfermos"* (Juan 6:2). Si Cristo no hubiera ministrado a los enfermos, las multitudes no le hubieran seguido. Y si nosotros no ministramos a los enfermos, las multitudes no vendrán a nosotros para oir la Palabra de Dios que les es enseñada.

PEDRO predicó y practicó los beneficios físicos ofrecidos por Cristo, y el resultado fue que *"tanto que sacaban los enfermos a las calles, y los ponían en camas y lechos, para que al pasar Pedro, a lo menos su sombra cayese sobre alguno de ellos. Y aun de las ciudades vecinas muchos*

venían a Jerusalén, trayendo enfermos y ator-
mentados de espíritus inmundos; y todos eran
sanados", (Hechos 5:15-16).

FELIPE predicó los beneficios de la sanidad a la
gente de Samaria, y todos los habitantes de esa
ciudad *"Y la gente, únanime, escuchaba atenta-*
mente las cosas que decía Felipe, oyendo y
viendo las señales que hacía. Porque de muchos
que tenían espíritus inmundos, salían éstos
dando grandes voces; y muchos paralíticos y
cojos eran sanados; así que había gran gozo en
aquella ciudad". (Hechos 8:6-8).

La gente seguía a Cristo, Pedro, Esteban, Felipe,
Pablo, Byrum, Wigglesworth, McPherson, Rit-
chie, Dowie, y aún a Osborn —¿por qué?— Por
los milagros que ellos vieron efectuados en
aquellos que estaban enfermos.

Desde luego, la sanidad del cuerpo no es la parte
más importante del Evangelio, pero estoy indi-
cando claramente que, como estos otros hombres lo experimentaron, así también en mi propio ministerio, por medio de la predicación de
todos los beneficios del Calvario para el cuerpo
y el alma, he podido llevar más almas a Cristo en
una sóla noche, que las que pude llevar a El durante siete años, sin predicar acerca de los beneficios para el cuerpo.

Ministerio de Sanidad

Por cuanto el ministerio de sanidad es parte de la
Biblia, somos responsables de predicar esa parte
de la Biblia, y si usted está dispuesto a hacerlo,
esta multitud presente en esta noche es el resul-

tado. Millares están reunidos aquí para escuchar
el Evangelio de Cristo. Es un buen resultado.
Estamos viendo centenares de personas salvarse
aquí, noche tras noche, porque estamos predicando la totalidad del Evangelio. Estamos predicando la sanidad de Cristo para el cuerpo y Su
sanidad para el alma.

Si Cristo sufrió para proveer la sanidad del cuerpo, entonces es nuestra responsabilidad predicar
esa bendición a la gente. *El Evangelio de Sanidad
debe ser valorado conforme a lo que le costó a
Cristo proveerlo.* Si tal precio costó a Cristo
proporcionarnos una bendición semejante,
debemos darle a esta bendición un valor igual
al costo de su provisión. Si Cristo no hubiera
sufrido para proveernos sanidad, entonces estaría perfectamente bien que no mencionáramos
esta bendición. Pero por cuanto le costó tal
precio proveer sanidad para nuestros cuerpos,
lo menos que podemos hacer, es hablar a la
gente acerca de esta provisión. Y lo menos que
usted puede hacer es creer en esta provisión. Y
el resultado es, que usted será sanado. Eso está
sucediento cada noche y sucederá esta noche.
El Evangelio es siempre poder de Dios para
aquellos que lo creen. Si usted cree la Palabra
de Dios, será el poder de Dios para usted esta
noche.

La sanidad no es la parte más importante del
Evangelio, repito. La parte más imporante es:
"El es quien perdona todas tus iniquidades".
Pero El también es *"El que sana todas tus dolencias"*, por tanto, ¿por qué no disfrutar de
ambas bendiciones? Mientras la sanidad sea parte
del Evangelio, y yo sea un predicador del mismo,
debo predicar sanidad divina a la gente.

Otros También

Jesús sanó a los enfermos. Luego designó doce más, y como no pudieron hacer frente a una tan grande necesidad, Cristo, por tanto, ordenó setenta más y les mandó: "En cualquier ciudad donde entréis. . . sanad a los enfermos que en ella hubiere". (Lucas 10:8-9). Juntos, eran ochenta y tres personas, y no eran aún suficientes para llenar la necesidad. Y había por lo menos otros orando por los enfermos, porque los discípulos le dijeron a Jesús que habían visto a un hombre sanando en Su Nombre. Jesús les dijo: "Dejadle ir; si no está contra nosotros, está por nosotros". Había por lo menos ochenta y cuatro predicadores ministrando a los enfermos alrededor de Jerusalén.

Desearía que pudiéramos conseguir ochenta y cuatro predicadores en este país que pudieran ministrar la sanidad de Cristo a la gente. Podrán ganar este territorio para Dios si ustedes lo hacen. Si no llegaran hasta mí llamamientos de muchas otras partes del mundo, me quedaría aquí con ustedes hasta que pudiera aprender su lenguaje, pero debo marchar hacia otros países, así como he venido aquí. Pero este ministerio no terminará con mi partida. Continuará. Ha tenido un buen comienzo. Yo desearía que cada ministro en este estadio ocupara una ciudad para Dios; busque a los enfermos, y en lugar de Cristo, ministre todos los beneficios provistos por nuestro Señor a toda la gente en cada ciudad. Yo creo que lo harán.

Jesús sanó a los enfermos. Luego nombró a doce hombres más. Después designó setenta más. Aún eso no era suficiente porque cada vez que al-

guien era sanado, las nuevas se esparcían, y
otra multitud venía deseando sanidad y bendición.

¡Oh!, ¡la necesidad lamentable de la doliente
humanidad! Los doctores están realizando una
gran labor, pero no están llenando esa necesidad.
Los hospitales son una bendición para millones
de personas, pero el clamor de otros millones
más brota de la tierra. La ciencia médica está
llevando a cabo una labor encomiable y valiosa,
pero necesitan ayuda, nuestra ayuda, la ayuda
de hombres con fe en Dios.

Yo desearía que ellos enviaran a nuestra campaña todos los casos incurables. Me gustaría que
nos mandaran a todos los que no tienen esperanza, y más allá de toda ayuda médica. Prediqué-
mosles la Palabra de Dios hasta que la fe nazca
en el corazón de estos pacientes, y yo garanti-
zaré los resultados. Yo desearía que ustedes tra-
jeran quinientos casos incurables aquí mañana
por la noche. Dios sanará el cáncer y la lepra tan
rápidamente como los dolores de cabeza si tenemos fe en Su Palabra.

Olvide su enfermedad y esté consciente de la
promesa de Dios. Olvide su condición y observe
al Sanador. Mantenga su atención fija en Sus
promesas. Está escrito que para Dios ninguna
cosa es imposible. El es el Sanador de "todas tus
enfermedades", dice la Biblia. Estamos autori-
zados por la Comisión de Cristo para decir esto a
todo el mundo y a toda criatura.

Cuatro Estudiantes de Colegio

Cuatro estudiantes de colegio se me acercaron
al finalizar un servicio en Rochester, Nueva

York. Estaban airados. Exigieron de mí que les dijera quién me había dado autoridad para venir a Rochester y hablar como lo estaba haciendo. Yo les contesté: *"El Señor me dió esta autoridad"*.

Rápidamente me preguntaron: *"¿Ha hablado usted con Dios?*

Les dije: *"El me ha hablado por medio de Su Palabra escrita"*.

"¿Cree usted en la Biblia?", preguntaron burlonamente.

"Ciertamente", repliqué. *"Cada una de sus palabras"*.

"Usted está loco", dijo bruscamente uno de ellos.

"¿Pueden ustedes probar que la Biblia NO es verdadera?", les pregunté. Ignoraron la pregunta diciendo que la Biblia era sólo un registro fanático de un misticismo anticuado.

"Yo probé esta noche que la Biblia ES verdadera, amigos", les dije.

"¿Cómo?", preguntaron.

"Leí de la Biblia específicamente lo que Jesús dijo que se hiciera por los enfermos. Luego leí Su promesa. Hice entonces exactamente lo que El dijo que se hiciera, y El sanó los enfermos", les dije.

"No vimos a nadie que se sanara", contestaron.

"Entonces tenían sus ojos cerrados", les dije. Entonces les recordé: *"¿No vieron ustedes a la mujer que trajo a la plataforma aquella niñita de pelo rizado que era completamente ciega? ¿Y no me vieron ustedes orar por ella, y no la vieron ustedes contar mis dedos después de la oración, y no vieron a la niñita mirar a todos lados, y a todo, llena de excitación y dar pequeños gritos de alegría, y no la vieron ustedes descender y ascender los escalones sola y volver junto a su madre sin ayuda alguna? ¿No vieron ustedes eso?*

"Sí", se mofaron, *"pero, en primer lugar, ¿cómo sabemos nosotros que ella estaba ciega?"*.

Le pregunté al que de los cuatro parecía tener todavía suficiente sentido común para razonar, *"¿Pensó usted en algún momento ir donde la mujer y preguntarle sobre la niña?"*.

"No", admitió un poco frustrado mentalmente, *"nunca lo hice"*.

Les dije: *"Ella está aún en la carpa. Si ustedes no lo creen, vayan e investiguen ustedes mismos"*.

No estaban dispuestos a hacerlo, pero con ésto, estos cuatro orgullosos *"agnósticos"* de un seminario *religioso* se sobrecogieron un poco, siendo entonces posible razonar con ellos. Después de unos instantes, me estaban dando gracias por mi interés en ellos y por haberles concedido tanto tiempo para discutir el asunto. Admitieron estar profundamente impresionados por el servicio de esa noche.

Me siento muy feliz porque tengo *autoridad* para
hacer lo que estoy haciendo. Represento el
Gobierno del cielo. Yo represento a Cristo. Tengo Su autoridad. Tengo Su mandamiento. Estoy
bajo Su comisión. El dijo: *"Id por todo el mundo y predicad el Evangelio a toda criatura. El
que creyere y fuere bautizado, será salvo; mas
el que no creyere, será condenado. Y estas señales seguirán a los que creen: En mi Nombre
echarán fuera demonios . . . sobre los enfermos
pondrán sus manos, y sanarán"*, (Marcos 16:
15-18).

Tres Clases

Note esto: Había tres clases de personas necesitadas a quienes se nos ha ordenado ayudar —a
quienes se nos ha comisionado a ministrar a los
pecadores, a los endemoniados y a los enfermos.

Jesús comisionó estrictamente a todos los creyentes y a los ministros del Evangelio para cui-
dar de todas estas tres clases de necesitados. No sé
por qué algunos ministros solamente ministran
a una clase. Ministran a los pecadores, pero en-
vían al manicomio a los endemoniados y man-
dan a los enfermos al hospital. Usted no tiene
que hacer eso. Tenemos que actuar conforme a
toda Su comisión.

Hay tres clases de necesitados y Cristo nos
comisionó a toda las tres clases. Somos ministros
del *Evangelio*, no ministros del manicomio y de
los hospitales. Somos representantes de Cristo y
de Su poder libertador, no representantes de la
ciencia médica y de la sugestión mental para los
dementes.

Somos ministros del Evangelio, y si es así,

hemos de ministrar el Evangelio de acuerdo con el Evangelio. Somos responsables de ministrar a todas las tres clases que necesitan la liberación de Dios.

He oído a ministros decir: "Hermano Osborn, admiro su ministerio, pero por alguna razón, nunca me he sentido llamado a ese aspecto del Evangelio".

No importa si usted no se "siente" llamado a ese "aspecto" del Evangelio. Mientras usted obedezca a su Maestro y Señor, tendrá que ministrar en Su Nombre, en Su lugar, en Su poder, actuando como El lo hizo, y como El lo comisionó a usted que hiciera. LA COMISION DE CRISTO ES UNA ORDEN PARA USTED.

Usted no puede decir: "No me siento atraído hacia esta fase particular del ministerio". Esto no es una *"fase"*. Esto es el Evangelio. Esta es nuestra responsibilidad. Esta es nuestra ORDEN. Esta es nuestra COMISION. Si somos ministros del Evangelio, tenemos entonces que ministrar, conforme al Evangelio, a todas las tres clases de necesitados. Si decide usted representar su *"escuela de pensamiento"* especial, o su particular *"Seminario Teológico"*, o sus *"teorías e ideales"* especiales, entonces eso es distinto, pero yo estoy hablando a MINISTROS DEL EVANGELIO.

Nosotros los que ministramos el Evangelio debemos ministrar a los pecadores, a los endemoniados y a los enfermos. Tenemos tanta autoridad y somos tan responsables de ministrar liberación a los enfermos y a los endemoniados, como a los pecadores. Los pecadores son los más necesitados, pero los otros también lo están.

Se nos manda a predicar a Cristo a los pecadores, y a echar fuera los demonios de los endemoniados y a poner las manos sobre los enfermos para su sanidad. Se nos *ordena* a hacer esto. Se nos *comisiona* a hacerlo. Estas son nuestras *órdenes*.

No es asunto de si queremos hacerlo o no. Jesús no dijo: "Id por todo el mundo y predicad el Evangelio a toda criatura, y si os sentís guiados a brindar alguna atención a los enfermos, así hacedlo pero si no os sentís movidos o atraídos por las necesidades de la doliente humanidad, entonces ignorad sus clamores y enviadlos a los *hospitales*".

El ordenó: "Predicad a Evangelio a *toda criatura*. Echad fuera los demonios y poned las manos sobre los enfermos para su sanidad". Estas son nuestras órdenes. Es por esto que yo hago eso. Por esta misma razón usted debe hacer lo mismo.

Confesión de un Predicador

Un predicador me dijo: "Hermano Osborn, nunca había visto ésto así. Nunca había comprendido que fuera nuestra responsabilidad como ministros, traer liberación a los enfermos y a los endemoniados, así como a los pecadores. Siempre pensé que se necesitaba alguna unción o fe especial para tratar con los enfermos, y especialmente con los endemoniados, pero ahora veo que se requiere solamente tanta fe como la requerida para esperar que el perdón de Dios sea otorgado al pecador cuando lo acepta. Ahora veo que sólo necesita fe suficiente para hacer lo que Dios dijo que hiciéramos".

El último mensaje que prediqué en Jamaica, en la primavera de 1949, al cabo de trece semanas de avivamiento durante las cuales más de cien sordo-mudos y noventa ciegos fueron sanados, fue el siguiente: *"Que no se requiere tanta fe para traer liberación a los enfermos y a los endemoniados; esto sólo requiere comprensión de la situación en general".* Aquellos que hagan un estudio de los demonios y de la enfermedad descubrirán que éstos sufrieron su completa y total derrota en el Calvario por Cristo Jesús. Ya que ambos están derrotados y ninguno de ellos tiene autoridad alguna, mientras que nosotros tenemos autoridad legal sobre ambos, entonces es fácil ejercitar esta autoridad y poner a los cautivos en libertad.

Jesús nos ha dicho exactamente cómo actuar en cada caso y ha hecho promesas definitivas en cada caso.

Primera Campaña de Sanidad

Recuerdo que cuando iba a celebrar mi primera campaña de sanidad, había ayunado durante cuatro días. Estaba orando desde lo profundo de mi corazón. Parecía que tenía una gran responsabilidad sobre mis hombros.

El Señor me habló con Su suave y tierna voz diciéndome: *"¿Con qué propósito estás ayunando?".*

Yo dije: *"Señor, para que Tú sanes a los enfermos cuando yo ponga mis manos sobre ellos".*

El me dijo: *"¿No he prometido Yo hacer eso?".* Entonces continuó diciendo, *"Tú no has hecho todavía lo que dije que hicieras. Yo no puedo sanarlos hasta que no les prediques acerca de Mi promesa para ellos, y hagas lo que te dije que hicieras primeramente".*

Yo dije: *"Señor, comprendo lo que Tú quieres decir. Debo ir y predicarles, poniendo mis manos sobre ellos, entonces Tú harás conforme has prometido".*

Le di gracias al Señor, comí pollo y me fuí al servicio.

No estoy por esto atacando el ayuno. Creo en el ayuno, porque *la Biblia claramente lo enseña. Desde entonces he ayunado a menudo y nunca he dejado de recibir grande ayuda al hacerlo, pero no tenemos que ayunar para persuadir a Dios a que cumpla Sus promesas.* El ayuno limpia nuestros canales humanos de manera que Dios pueda ministrar por medio de nosotros más libremente, además de tener otros propósitos. Pero no tenemos que suplicar y persuadir a Dios para que cumpla Sus promesas. El hará esto porque Ha prometido hacerlo y no puede dejar de cumplir Su Palabra.

Fui a la campaña esa primera noche. Prediqué sobre la promesa de Cristo de sanar. Entonces formé una *"línea de oración"* y puse mis manos sobre ellos exactamente como Cristo me había dicho que lo hiciera, esperando que El cumpliera Su promesa, y eso fue exactamente lo que El hizo y ha estado haciendo desde entonces. No puede El dejar de hacerlo. Algunos fueron sanados instantáneamente y otros fueron sanados gradualmente, o estaban creyendo la promesa de Cristo, *"se sanarán"*, y así sucedió. Y todavía se siguen sanando. Y no se necesitó mucha fe

para poner mis manos sobre ellos después de
predicarles la promesa de Cristo. Es fácil. La responsabilidad es del Señor, y El nunca falla.

Una Promesa Definida

La fe ha sido hecha muy difícil, pero no lo es.
Fe es simplemente creer que Dios dijo la verdad.
Aquí hay una promesa definida para cada clase
de gente necesitada. Cristo no nos envió sin Sus
promesas. A los pecadores El promete, *"Serán
salvados"*. Yo no tengo que salvar al pecador. Si
hay aquí un beodo, un jugador, o un asesino,
Dios también le salvará. Cristo lo ha prometido
así. Ahora, ustedes están de acuerdo con éso, y
no se maravillan de mi fe cuando digo que Dios
salvará al más vil pecador. No importa cual sea
su condición, Cristo prometió que si usted cree,
será salvo. Se supone que yo le diga a usted eso.

Cuando veo a una persona moralmente buena, le
digo que Dios le salvará. Cuando veo a un crimi-
nal, le digo que Dios le salvará también. No importa que usted sea bueno o malo, Cristo dice
que usted será salvado. Los otros días prediqué
en una cárcel a 364 presos, y más de 100 de ellos
aceptaron a Cristo, creyeron Su promesa y fueron salvos.

¿Qué de los enfermos? Es lo mismo, con un
dolor de cabeza como con la tuberculosis. Yo
estoy aquí para hablarles de las promesas de
Dios, y El hace el resto.

Siempre me ha parecido raro, que cuando la
gente ve a un pecador malo venir al servicio y
oír el mensaje, en sus corazones están diciendo:
*"¡Oh, Aleluya! Ese terrible pecador será salvado
esta noche"*. ¿Cómo tiene usted fe para esperar

eso? Es un tremendo milagro lo que usted espera. ¿Dónde obtuvo usted toda esa fe? Usted la recibió de la promesa de Cristo que usted conoce. Usted sabe que Cristo prometió salvación a todos y se regocija porque cree usted Su promesa. Esto es fe.

En cambio, viene una persona malamente tullida y usted dice: *"¡Oh!, desearía tener fe para creer que esa pobre persona será sanada. Yo sé que Dios sana dolores de cabeza, pero nunca he visto algo como éso sanarse. No sé si Dios lo hará o no. Espero que lo haga".*

Esa actitud ata las manos de Dios. Eso es duda y Dios no puede honrar la duda. Dios sólo puede bendecir por medio de nuestra fe, y Su promesa es la base para nuestra fe. Dios salvará a cada pecador que crea el Evangelio. Si mil pecadores vienen a esta campaña, y yo les predico el Evangelio de perdón, y creen al Evangelio y aceptan a Cristo como su Salvador. ¿Cuántos de ellos serán salvos? *"Todos ellos",* vociferó la concurrencia. Perfectamente bien. Cada uno de ellos.

Traemos mil pecadores y declaramos que Dios salvará a cada uno de ellos. Pero traemos mil enfermos y usted dice que Dios ha enviado la enfermedad sobre algunos de ellos, que Dios quiere enseñar a algunos a tener paciencia, que otros están enfermos para la gloria de Dios, que algunos otros deben permanecer enfermos para perfeccionar su carácter cristiano, etc., etc., etc., etc. La verdad del asunto es que los que así dicen, no creen que Dios realmente sanará a alguno de los pobres enfermos, y por causa de esa actitud, Dios no puede manifestar Su poder sanador, como muestra Su poder perdonador.

Fundamento Para la Fe

Tenemos exactamente el mismo fundamento para la fe que trae sanidad que para la que alcanza el perdón. Tenemos tanto como apoyo de nuestra fe para sanidad de los enfermos como para el perdón del pecador. La misma Biblia que prometió perdón a cada pecador, prometió sanidad para todos los enfermos. La misma Biblia que declara que cada pecador puede ser salvado, declara que cada enfermo puede ser sanado.

"No olvides ninguno de Sus beneficios". David proclama en el mismo instante, *"El es quien PERDONA TODAS tus iniquidades, el que SANA TODAS tus dolencias"*; (Salmo 103:3).

Tiene uno tanto derecho a declarar que el perdón no es para el pecador, como a predicar que la sanidad no es para el enfermo.

La expresión, *"todo aquel"* es usada cuando se invita al pecador a aceptar el perdón, y las palabras *"todo"*, *"cualquiera"* y *"cada uno"* se usan cuando se habla de la promesa de sanidad para los enfermos. Todas estas palabras significan lo mismo. Cristo siempre perdonó pecados y siempre sanó a los enfermos. La enfermedad y el pecado son ambos del diablo.

Cristo llevó ambos por *"todo"* aquel que creyere, (Mateo 8:17; 1 Pedro 2:24). El cargó el pecado para que nosotros no tuviéramos que llevarlo, mas fuésemos perdonados. El llevó nuestras enfermedades para que nosotros no tuviéramos que sufrirlas, mas fuésemos sanados.

La misma palabra hebrea usada para indicar que

Cristo quitó nuestros pecados, es también usada para expresar que El quitó nuestras dolencias. La palabra hebrea *"Nasa"*, es usada en ambos casos. Significa *"llevarse"*, *"remover a distancia"*.

Uno de los más grandes estudiantes de hebreo y de griego en América dice que es un disparate hacer que la palabra *"nasa"* signifique algo distinto cuando se refiere a enfermedad que cuando se usa en relación con los pecados.

Si mil pecadores creen, todos serán salvos. Si mil endemoniados vienen y ordenamos a los demonios que salgan en el Nombre de Jesús, Su promesa es exactamente tan positiva como la otra. *"ECHARAN FUERA DEMONIOS"*. Si mil enfermos vienen y creen, todos serán sanados.

Usted está convencido. No necesito predicar más. Vamos a orar.

2

SANIDAD DIVINA PARA TODOS

El propósito de este mensaje es clarificar todo
dentro de tu corazón, amigo; que no haya lugar
a ninguna sombra de duda. . .

Dios Desea Sanarte

Hasta que tú no estés completamente convencido que Dios desea que tú TE SIENTAS BIEN,
totalmente; siempre habrá una duda en tu mente
y dentro de tí en cuanto a si Tú serás sano, o no.
Mientras dure esa duda en tu mente, en cuánto
a si serás sano o no, la fe perfecta no existirá y
es menester que la fe sea ejercitada, sin duda ni
clase alguna de claudicación para que la sanidad
llegue hasta tí. "Pero sin *fe* es imposible agradar
a Dios; porque es necesario que el que se acerca
a Dios crea que le hay, y que es galardonador de
los que le buscan" (He. 11:6). "Pero pida con
fe, *no dudando nada*; porque el que duda es
semejante a la onda del mar, que es arrastrada
por el viento y echada de una parte a otra. No
piense, pues, quien tal haga, que *recibirá cosa
alguna del Señor*", (Santiago 1:6-7).

Una vez convencidas las gentes que DIOS
DESEA SANARLOS y que NO ES LA VO-

LUNTAD DE DIOS que ellos estén enfermos, prácticamente son esos los que reciben sanidad cuando por ellos se ora. Otros reciben sanidad muchas veces antes de que se ore por ellos. El tener conocimiento de esto hace que el terreno sea completamente fértil para que la fe perfecta, pueda desarrollarse y crecer. No es asunto de pensar por más tiempo si es la voluntad de Dios o no; porque realmente sabemos que es LA VOLUNTAD DE DIOS. El leproso en el pasaje de Marcos 1:40 dijo: *"Si quieres puedes"*. Jesús contestó: "QUIERO". Permite que ese "quiero" indique por completo para tí que Dios DESEA SANAR AL ENFERMO. Y si EL quiere sanar UNO, también es Su deseo SANAR A TODOS. *"El no quiere que ninguno perezca"* (2 Pedro 3:9). Santiago dice: "Está *alguno* entre vosotros enfermo?". Esto es universal para *todas* las gentes de todas las edades. Jesús "gustó la muerte por TODOS LOS HOMBRES". No existe ACEPCION DE PERSONAS con Dios. El nos dice que estamos pecando cuando tenemos privilegios para unos sobre los otros. Así es que con toda seguridad El no violará Sus propias leyes.

Está escrito (Números 21) acerca de aquellos que fueron mordidos por las serpientes ardientes que "cuando ALGUNO miraba a la serpiente de metal vivía". Hoy día, acontece de la misma manera, TODO AQUEL que mira a Cristo, como su REDENTOR, será salvo. Todos están sobre bases idénticas cuando se allegan a los beneficios de la Expiación. Las palabras *"todo aquel"* y *"todo aquel que desee"* siempre son usadas cuando hacemos la invitación a los pecadores, y las palabras *"todos los que"*, *"cada uno"*, *"al-*

gunos" y "*cualquiera*" se usan al extender la
invitación a los enfermos y a los adoloridos.
Ambas invitaciones son siempre universales y sus
resultados son siempre prometidos POSITIVA-
MENTE. Es decir: "*Serán salvos*", "*tendrán
vida*", "*sanarán*", "*se levantarán*", "*los sanó a
todos*" y "*todos los que tocaron fueron sanados*". Una DOBLE PROMESA conlleva IGUA-
LES INVITACIONES, y promete IGUALES
RESULTADOS.

A menudo los padres demuestran alguna clase de
favoritismo en alguno de sus hijos, pero Dios no
obra de esa manera. Cuando llenamos condiciones iguales recibimos cosechas iguales. Cuando
hacemos nuestra parte, Dios siempre es fiel para
hacer Su parte. Siempre, SIEMPRE. Los beneficios del Calvario son PARA TI. Si Dios sanó a
TODOS entonces, El todavía sana a TODOS;
es decir todos los que vengan a El buscando sanidad. "*Jesucristo, es el mismo ayer, y hoy y por
los siglos*" (Heb. 13:8). "*Y le siguieron muchas
gentes, Y SANABA A TODOS*" (Mt. 12:15).
"*Y TODOS los que tocaron quedaron sanos*"
(Mt. 14:36). "*Y TODA la gente procuraba tocarle; porque salía de El virtud, y SANABA A TO-
DOS*", (Lucas 6:19). "*Y como fue tarde, trajeron a El muchos endemoniados; y echó los demonios con la Palabra y SANO A TODOS LOS
ENFERMOS, para que se cumpliese lo que fue
dicho por el profeta Isaías que dijo: El mismo
tomó NUESTRAS enfermedades, y llevó NUES-
TRAS dolencias*", (Mt. 8:16-17).

Cristo está sanando ENFERMOS todavía, de
manera que se siguen cumpliendo las palabras
del profeta: "El mismo tomó *nuestras* enfermedades y llevó *nuestras* dolencias". Siempre debes

recordar que tú estás incluído en la palabra
NUESTRAS de Mateo 8:17 y Dios está obligado
por Su pacto a continuar SANANDO A TODOS
los que están enfermos y débiles de modo que
se cumplan las palabras de Isaías. *"No olvidaré
mi pacto, ni mudaré lo que ha salido de mis
labios"* (Salmo 89:34).

*"Al ponerse el sol, TODOS los que tenían
enfermos de diversas enfermedades, los traían
a El, y El, poniendo las manos sobre CADA
UNO DE ELLOS, LOS SANABA"* (Lc. 4:40).

*"Cómo Dios ungió con el Espíritu Santo y con
poder a Jesús de Nazaret, y cómo éste anduvo
haciendo bienes y sanando a todos los oprimidos por el diablo, porque Dios estaba con él,*
(Hechos 10:38). La SANIDAD ERA PARA TO-
DOS en esos días, y Cristo el Sanador nunca ha
cambiado, (Hebreos 13:8).

Tan listo estaba Jesús a sanar las enfermedades
como lo estaba para perdonar los pecados. De
hecho, en las Sagradas Escrituras, se registran
más casos de sanidad divina obrados por El que
los que existen del perdón de los pecados. Jesús
NUNCA vaciló para sanar los enfermos que eran
traídos hasta El.

Si Jesús gustó la muerte que debía gustar cada
hombre, El con toda seguridad quiso hacer claro
que CADA UNO habría de beneficiarse por el
hecho de su muerte. Creemos que ésto es cierto
cuando se trata de la salvación del alma y el
perdón de los pecados. El mismo cuerpo que fue
quebrantado por nuestros pecados; llevó las
heridas y llagas por nuestra sanidad, y si creemos
eso, entonces debemos admitir el privilegio de

la salvación y de la sanidad divina como dos cosas que funcionan sobre bases completamente iguales. Son similares. Si el pasaje de la Escritura que dice: "Jesucristo es el mismo ayer, y hoy y por los siglos", es cierta y si predicamos la sanidad divina como un derecho legal para los "*salvados*" seguramente también los ENFERMOS SERAN SANADOS.

La Sanidad es Para Todos
y Debe Ser Predicada a Todos

Felipe fue y predicó en la ciudad de Samaria. "*Y la gente, únanime, escuchaba atentamente las cosas que decía Felipe, oyendo y viendo las señales que hacía. Porque de muchos que tenían espíritus inmundos, salían éstos dando grandes voces; y muchos paralíticos y cojos eran sanados; así que había gran gozo en aquella ciudad*", (Hechos 8:6-8). Jesús probó allí cuando Felipe predicó Su mensaje, que El era exáctamente el mismo.

Pedro también predicó a Cristo, y sabemos que el paralítico del capítulo tres de los Hechos fue sanado en esa ocasión. Jesús probó ser El, el mismo de todos los tiempos cuando Pedro predicó. Dondequiera y comoquiera que el mensaje de Jesucristo sea predicado en su completa expiación por el pecado y la enfermedad, la sanidad será el resultado en los cuerpos enfermos tanto como la salvación en las almas perdidas. Los enfermos SERAN SANADOS y los pecadores SERAN SALVADOS. Estas son verdades gemelas.

Otro que predicó a Cristo fue Pablo. "*Y cierto hombre de Listra estaba sentado, imposibilitado de los pies, cojo de nacimiento, que jamás había*

andado. Este oyó hablar a Pablo, el cual, fijando
en él sus ojos, y viendo que tenía fe para ser
sanado, dijo a gran voz: Levántate derecho sobre
tus pies. Y él saltó, y anduvo". (Hechos 14:8-10).
En ese caso Pablo tuvo que haber predicado el
Evangelio de la sanidad, porque el cojo recibió
fe mientras ponía toda su atención. Hemos visto
cientos de personas sanadas por medio de su
propia fe, fe que ellos inconscientemente recibieron del mensaje, mientras ponían toda su atención. *"El envió su Palabra, y los sanó",* eso,
todavía produce el mismo efecto cuando se recibe en fe.

Dondequiera que la sanidad es predicada con sus
plenos beneficios para TODOS, y la gente a su
vez, se dipone a atender la Palabra predicada, la
fe siempre se imparte y la gente siempre se sana.
Este método NUNCA FALLA, PUES LA FE
NUNCA PUEDE FALLAR. Una fe vital, una fe
viva en la Palabra; Dios siempre la ha premiado
grandemente.

La sanidad es una parte muy importante del
Evangelio. Cristo siempre sanó. Los doce apóstoles poseían poder para sanar a los enfermos y
echar fuera demonios. Los setenta enviados por
Jesús siguieron adelante sanando por dondequiera. Pedro y Pablo sanaron a los enfermos, y
es mi opinión que es muy saludable para los
ministros seguir hoy día, en las pisadas de Jesús
y Sus apóstoles.

No puedo en forma alguna dejar de considerar
que es tan importante predicar Sanidad en el
tiempo presente, como lo era en la Iglesia Primitiva, especialmente cuando nuestros médicos
nos aseguran que de cada cinco muertes una es

producida por el cáncer. Me parece que si alguna
vez ha habido una oportunidad para la Iglesia de
seguir su marcha hacia adelante en el empeño de
"hacer lo imposible" (empeño éste que siempre
debe identificar a la Iglesia), ES HOY DIA. La
furia de las enfermedades y la crueldad de las
dolencias son suficiente evidencia para probarme
la necesidad de este ministerio. La Sanidad es
una *parte del Evangelio* y debe ser predicada
"por todo el mundo", y a *"toda criatura"*,
designada a llevar a cabo su efecto completo
"hasta el fin del mundo", o si se quiere hasta el
fin de la época, (Mateo 28:20).

Preguntarás tú, entonces . . . **¿Por qué no es
mayor el número de los que se sanan?** Por falta
de enseñanza y predicación de esta gran verdad.

La razón por la cual muchos dudan de la disposición de Dios para sanar a CADA UNO es que la
verdad no ha sido predicada acerca de esta gran
provisión de sanidad para nuestro cuerpo como
lo ha sido acerca de la salvación para el alma.
Siempre ha sido declarado que *"todo aquel que
en El cree tendrá vida"*, y es por eso que traemos
a Cristo a los más viles de los pecadores para que
sean salvos. Lo MISMO es cierto acerca del enfermo, pues leemos: *"¿Está ALGUNO enfermo
entre vosotros? Llame . . ."*, (Santiago 5:14).
Jesús siempre SANO A TODOS y SANO A CA-
DA UNO DE ELLOS. Como "Jesucristo es el
mismo ayer, y hoy, y por los siglos" (Hebreos
13:8) entonces El aún sigue SANANDO A
TODOS'

Busque su Biblia y NOTE los siguientes pasajes:
Mateo 8:16, 9:35, 12:15, 14:14, Hechos 10:38.
En cada uno de estos pasajes se nos dice que

Jesús SANO A TODOS, SANO A LOS QUE DE
ELLOS HABIA enfermo. Así también tú puedes
ser sanado.

En lugar de permanecer alrededor del lecho de
enfermedad de las multitudes, simpatizando con
sus dolores e insinuándoles que es la voluntad de
Dios el "llevárselos" al cielo, o indicándoles que
"tengan paciencia" en la enfermedad, o aún más
todavía, diciéndoles que la enfermedad les "pon-
drá más cerca del Señor" el ministerio nuestro
debe ser tal que DECLAREMOS GUERRA
ABIERTA A TODA FORMA DE ENFERME-
DAD, y tomemos autoridad sobre todo poder
del demonio en el NOMBRE Poderoso y Conquistador de Jesucristo, ministrando libertad a
todos los sufridos.

Al pueblo *se le debe* enseñar la verdad. Jesús
dijo: "Y conoceréis la verdad y la verdad os hará
libres" (Juan 8:32). El es la Verdad. Si deseamos
ver las masas libertadas de la esclavitud de la
enfermedad DEBEMOS predicarles esa parte de
la Palabra que los liberta de la enfermedad. La
verdad es que *Cristo quiere que cada uno de
ustedes sea sanado* pues de no ser así no hubiera
El llevado las "heridas" por las cuales *"habéis
sido sanados"* (Isaías 53:5, 1 Pedro 2:24).

"La fe es por el oir; y el oir por la Palabra de
Dios". (Romanos 10:17). Nunca la fe se produce porque demostremos "simpatías" al enfermo. Tampoco la fe viene porque nos "condo-
lamos" de él. Y mucho menos la fe nace "discu-
tiendo con las víctimas sobre sus dolores y acha-
ques, debilidades y enfermedades". "La fe
viene por el oir . . . *la Palabra de Dios* (Romanos 10:17). La fe nace cuando *'hablamos la Pala-*

bra DE VERDAD' Es así como siempre recibimos libertad positiva.

Si la Salvación es Para Todos, La Sanidad Divina es Para Todos También

Nunca hemos dudado del deseo de Dios para salvar al más bajo y miserable pecador. Y . . . ¿por qué estamos tan seguros de eso? Porque se nos ha enseñado la verdad en relación a ello. Hemos sido enseñados desde la niñez que la salvación es para todos los que crean, "porque de tal manera amó Dios al mundo, que ha dado a su Hijo Unigénito para que TODO AQUEL que en El cree, no se pierda, mas tenga vida eterna", (Juan 3:16).

Si se nos hubiera enseñado la verdad misma en relación con la sanidad del cuerpo, del mismo modo que se nos ha enseñado en relación con la salud del alma, la gente creería con la misma prontitud en la sanidad como lo hacen con la salvación.

Si decimos que Dios obró milagros y sanó en tiempos pasados pero que El no hace lo mismo en el presente, eso da a entender que El es un Dios que *"era"* y ahora no *"es".* Pero yo me siento muy confiado en decir que El es el gran YO SOY— *"YO SOY EL SEÑOR TU SANADOR".* Cuando Dios dice "YO SOY" eso quiere decir que la promesa que El estaba estableciendo sería buena en CUALQUIER momento que CUALQUIER hombre le mirara a El con el fin de recibir los beneficios de esa promesa, es decir hasta tanto el tiempo exista. Ahora mismo Dios está diciendo: *"Yo SOY el Señor TU Sanador".* Mañana El estará queriendo decir exactamente la

misma cosa. El estará sanando al enfermo que
mañana le mire a El, porque mañana El permanecerá siendo el gran *"YO SOY"*. No hay tal
cosa como *"quizás"*. El aún sana a todos los que
vienen a El, creyendo en sus promesas. "Conforme a vuestra fe os será hecho" (Mt. 9:29). Así
que: "pida con fe no dudando nada" (Stg. 1:6).
No hay necesidad de dudar porque "Dios no es
hombre para que mienta; ni hijo del hombre
para que se arrepienta. El dijo, y ¿no hará?
Habló, y ¿no ejecutará?", (Nm. 23:19). "Ninguna palabra de todas sus buenas promesas . . .
ha faltado", (1 Reyes 8:56). "Para siempre, oh
Señor, permanece tu Palabra en los cielos",
(Salmos 119:89). "Yo apresuro mi Palabra para
ponerla por obra", (Jeremías 1:12). La palabra
"apresuro" quiere decir "velar por ella", "mirarla", "protegerla" o "permanecer tras ella". En
todo Su poder infinito Dios respalda Su Palabra,
para ponerla por obra. Mi buen hermano, sinceramente, debes creer eso.

No toleremos el pecado en nuestras vidas porque
Jesús llevó nuestros pecados. Tampoco toleraremos la enfermedad en nuestros cuerpos,
porque Jesús llevó nuestras enfermedades. *"El
mismo TOMO nuestras enfermedades (debilidades) y LLEVO nuestras dolencias (enfermedades)"*, (Mateo 8:17). *"Ciertamente LLEVO EL
(echó fuera) nuestras enfermedades y SUFRIO
nuestros dolores"* Isaías 53:4). Por este pasaje
que hemos mencionado llegamos a TENER CONOCIMIENTO que *Jesús llevó nuestras enfermedades.* De acuerdo con 1 Pedro 2:24: *"quien
LLEVO él mismo nuestros pecados en su cuerpo
sobre el madero*, llegamos a saber con claridad
que Jesús llevó nuestros pecados. Si El los llevó,

nosotros no tenemos que llevarlos. Si nosotros
nos empeñamos en llevarlos, entonces Jesús no
tenía que haberlos llevado. Si queremos seguir
con esa carga, por demás la llevó Jesús. El evangelio claramente nos demuestra que EL los
LLEVO, por ejemplo, los echó fuera y que
luego entonces, SOMOS REDIMIDOS DE E-
LLOS y por eso nosotros NUNCA TENDRE-
MOS QUE LLEVARLOS. Jesús hizo ésto para
el mundo entero.

El mensaje que se enseña a través de todos los
Evangelios es uno de COMPLETA SANIDAD
para el cuerpo y el alma, PARA todos los que
vengan a El. Muchos dicen en la actualidad,
"creo en la sanidad pero no creo que sea para
todos". Si no es para todos, entonces ¿cómo
sabemos para *quien* es la Sanidad? Tú tienes el
derecho bíblico de estar bien y fuerte. Pero, tú
puedes muy sinceramente preguntarte, ¿es que
acaso no nos vamos a morir NUNCA? De acuerdo con la Biblia eso es muy sencillo. Pon, ahora,
atención para que oigas lo que Dios ha prescrito
en relación con la muerte de sus hijos. "Les qui-
tas el hálito, dejan de ser, y vuelven al polvo",
(Salmo 104:29). Según puedes ver, eso en ninguna forma quiere decir que tu tengas que morir
de un cáncer. ¿No te parece? Tampoco que tengas que morir de cualquiera otra forma de enfermedad. El que es HIJO DE DIOS HA SIDO RE-
DIMIDO de la maldición de la ley (Gá. 3:13), y
una parte de esa maldición es la enfermedad
(Dt. 28:58-61). La norma que la Biblia establece
para la muerte de un hijo de Dios es: "y vendrás
en la vejez a la sepultura, como la gavilla de trigo
que se recoge a su tiempo", (Job 5:26). Así fue
como Abraham, Isaac, Jacob, Moisés y otros más
pasaron y murieron.

Permítanme decir otra vez, que la fe no puede
ser ejercitada mientras uno esté indeciso en
cuanto a si Dios lo desea, o no, sanar a TODOS.
Si El no sana a TODOS, entonces estamos obligados en cada caso diferente a considerar "si
Dios sanará a ESTE o no lo sanará". O decir de
otro modo: ¿Es éste acaso lo, de muchos de los
desafortunados que Dios quiere que permanez-
can aquí sufriendo sin esperanza? ¿Cómo podemos nosotros hacer la ORACION DE FE con
tales pensamientos en nuestras mentes? Hagamos
que se establezca y concluya para siempre ésto:
DIOS QUIERE SANARME A MI. Tengo derecho a sanidad tanto como al perdón, cuando
CREO. Dios dijo: *"Yo soy Jehová tu Sanador"* y
si El dijo eso, seguramente Dios no miente, así es
que lo que El quiere decir es ESO Y SOLO ESO.
Lo que Dios dice es la verdad. Así que la sanidad
ME PERTENECE. CREELO y ACTUA EN ESA
MANERA. Te sentirás maravillado al descubrir
que tu enfermedad ha sido destruída y tu dolencia sanada. *"Yo Soy Jehová tu Sanador".* Oh,
amigos, ¡crean de veras que esto es para USTE-
DES! Créanlo ahora mismo, y empiecen *hacien-*
do lo que no podían hacer anteriormente cuando todavía no podían clamar a Cristo por su
bendición y sanidad.

3

SANIDAD DIVINA
EN LA EXPIACION

Las Escrituras declaran, en Romanos 5:12, que
*"el pecado entró en el mundo por un hombre, y
por el pecado la muerte"*.

Aquí se afirma claramente que la muerte entró
en el mundo por el pecado. Por lo tanto, es claro
que la enfermedad, que es muerte incipiente,
entró en el mundo por el pecado. Ahora, puesto
que la enfermedad entró por el pecado, su remedio verdadero debe hallarse en la redención
de Cristo. Puesto que la enfermedad es la opresión del diablo, (Hechos 10:38), ¿qué poder,
cuando la naturaleza decae, puede levantarla si
no es el poder del Hijo de Dios? Tan pronto
como la enfermedad ha ido más allá del poder
de la naturaleza para recuperarnos, ésta resultará
mortal en todos los casos, si no es vencida por
el poder de Dios. Esto lo admiten todos los médicos honrados, porque ellos solamente alegan
poder para ayudar a la naturaleza, no para curarla.

Puesto que la enfermedad es una parte de la
maldición, su verdadero remedio debe ser la
cruz, porque ¿quién puede quitar la maldición
sino Dios, y como puede Dios hacerlo justa-

mente a no ser por substitución? La Biblia enseña, como dice un escritor, que la enfermedad es el castigo físico de la iniquidad, pero que Cristo llevó en Su cuerpo todos nuestros riesgos físicos debidos al pecado, y que por lo tanto nuestros cuerpos están judicialmente libres de enfermedad. Por la redención de Cristo todos nosotros podemos tener, como una parte de las *"arras de nuestra herencia"*, la *"vida de Jesús también . . . manifestada en nuestra carne mortal"*, para suplir la naturaleza hasta que nuestra labor haya terminado. En la misma forma que recibimos las "primicias" de nuestra salvación *espiritual*, podemos recibir las "primicias" de nuestra salvación *física*.

Ahora al asunto, **¿nos redimió Jesús de nuestras enfermedades cuando expió por nuestros pecados?**

Si, como algunos enseñan, la salud no está en la expiación, ¿por qué se dieron tipos de la expiación en relación con la curación física en el Antiguo Testamento? En el capítulo 12 de Exodo, ¿por qué se requirió a los Israelitas que comieran la carne del Cordero Pascual para fuerza física, a no ser que nosotros podamos recibir vida física, o fuerza, de Cristo, Quién, según Pablo dice, es *"nuestra Pascua, sacrificada por nosotros?"*. 765 años después de la institución de la Pascua, leemos en 2 Crónicas, capítulo 30, versículo 20, que: "oyó Jehová a Ezequías, y sanó al pueblo", cuando guardaron la Pascua. De conformidad, Pablo, en 1 Corintios 11:30, habla del fracaso de los corintios en *"discernir el cuerpo"* de *"Cristo nuestra Pascua"* como la razón por la cual muchos entre ellos estaban *"enfermos y debilitados . . ."*.

La Cena del Señor es más que un rito, porque podemos participar de Cristo mientras estamos participando de los emblemas de Su muerte y Sus beneficios. En Cristo hay vida física a la par que espiritual, y ciertamente no hay tiempo mejor para aprovecharnos del privilegio de tener la *"vida de Jesús también . . . manifestada en nuestra carne mortal"*, (2 Corintios 4:11).

Varios los Tipos de Curación que se Enseñan en el Antiguo Testamento

Otra vez, en Levítico 14:18, leemos acerca del sacerdote haciendo expiación por la purificación del leproso. ¿Por qué una expiación por la limpieza del leproso, si la curación de nosotros no está en la expiación de Cristo? Los tipos en Levítico, capítulos 14 y 15 nos enseñan que invariablemente la enfermedad fue curada por la expiación. Esto, a nuestro entender, es una contestación completa a la cuestión que discutimos, aunque no añadiéramos más, porque todas estas expiaciones típicas señalan a, y prefiguran el Calvario.

Además, Jesús nos dice, en Lucas 4:19, que El fue ungido *"a predicar el año agradable del Señor"*, refiriéndose a los años del Jubileo del Antiguo Testamento. Esto nos enseña que el año del Jubileo es evidentemente típico de bendiciones evangélicas, porque aquí El, El mismo, aplica el año del Jubileo a la era del Evangelio.

Levítico 25:9 nos muestra que ninguna bendición del año del Jubileo sería anunciada por la trompeta sonora antes del Día de la Expiación. En este día se sacrificaba un novillo como ofrenda por el pecado y se esparcía sangre sobre el Propiciatorio. Ninguna remisión se ofrecía antes de que la sangre del Propiciatorio hubiera sido esparcida sobre éste, porque el Propiciatorio se convertía en un tribunal de juicio si no era regado con sangre. Esto nos enseña que ninguna remisión o bendición del Evangelio se ofrece independiente de la expiación de Cristo.

Recuperación de Todo lo Perdido en la Caída

Por la caída lo perdimos todo. Jesús lo recuperó todo por Su expiación. Fue en el Día de Expiación que Dios dijo: *"Volveréis cada cual a su posesión"*. El orden en el año del Jubileo es: Primero la expiación, después la trompeta sonora del Jubileo, con las buenas nuevas *"volveréis cada uno a su posesión"*. Así, ahora, el órden es el mismo: PRIMERO, el Calvario, DESPUES la trompeta del Evangelio anunciando que El *"llevó nuestros pecados"* y *"llevó nuestras enfermedades"*, etc., transmitiendo el anuncio *"a toda criatura"*; enseñándonos que podemos volver *"cada cual a su posesión"*.

La Fe Viene por El Oir

La razón por la cual muchos de los enfermos en nuestro día no han vuelto a sus posesiones físicas es que no han oído la trompeta sonora a este respecto. "La fe viene por el oir", y estos no han oído; porque a muchos ministros se les averió su trompeta del Evangelio mientras estaban en el seminario teológico. Los mismos me recuerdan a un hombre a quién conocí que tocaba el trombón en una choza. Al principio de un ensayo los muchachos colocaron un pequeño clavo en la boquilla de su instrumento, de modo que al tocarlo, su esfuerzo iba contra la cabeza del clavo, haciéndole imposible producir suficiente sonido, pero el hombre continuó el ensayo sin descubrir la causa del impedimento. Algunos

predicadores, como este músico, piensan que
están tocando la trompeta del Evangelio muy
bien, y no han descubierto que no hay ni la
mitad de las bendiciones que deberían resultar
de su labor. Ellos no están, como Pablo, declarando *"todo el consejo de Dios"*.

Como aquí en Levítico los varios tipos enseñan
que la curación invariablemente viene por la expiación, así en Mateo 8:17 se declara definitiva-
mente que Cristo curó todas las enfermedades
sobre la base de la Expiación. La Expiación fue
Su razón para no hacer excepciones al curar los
enfermos. *"El . . . sanó a todos los enfermos,
para que se cumpliese lo que fue dicho por el
profeta Isaías, que dijo: El mismo tomó nuestras
enfermedades y llevó nuestras dolencias"*. Puesto
que las que El llevó fueron nuestras enfermedades, Su Expiación nos abarca a todos, y requeri-
ría la curación de todos para el cumplimiento de
esta profecía. Jesús todavía está sanando a todos
los que vienen a El con fe viviente, *"para que se
cumpliese . . ."*.

Si en la época más oscura de las curaciones todos
tenían el privilegio de ser sanados, seguramente
en ésta *"mejor"* dispensación, con su *"mejor"*
Pacto y *"mejores"* promesas, Dios no ha retirado
esta gracia del Antiguo Testamento. Si lo hubiera hecho, nosotros habríamos sido privados de
ella por la venida y expiación de Cristo.

En Nm.16:46-50, después de que 14,700 pere-
cieron por la plaga, Aarón, como sacerdote, en
su oficio de mediador, púsose entre los muertos
y los vivos, e hizo expiación para que la plaga
cesara, y hubiera sanidad corporal. Así Cristo,
nuestro Mediador, por Su Expiación, nos redi-

mió de la *"plaga"* del pecado y la enfermedad.

El Tipo de la Serpiente de Metal

De nuevo, en Números 21:9, leemos que los israelitas fueron curados al mirar la serpiente de metal que fue levantada como un símbolo de expiación. Si la sanidad no iba a estar incluída en la expiación, ¿por qué se requirió de los israelitas moribundos que miraran al tipo de la expiación para la sanidad *corporal?* Puesto que tanto la salud como el perdón vinieron por el tipo de expiación, ¿por qué no han de venirnos también a nosotros por Cristo, el Antetipo? Como su maldición fue quitada por el levantamiento de la serpiente de metal, así nos dice Pablo que la nuestra será removida por el levantamiento de Cristo, (Gálatas 3:13).

La Cruz es un Perfecto Remedio
Para el Hombre Entero

Jesús fue a la cruz, espíritu, alma y cuerpo, para redimir al hombre, espíritu, alma y cuerpo. Por lo tanto, la Cruz es el centro del plan de salvación para el hombre, espíritu, alma y cuerpo. Toda forma de enfermedad conocida por el hombre está incluída, y muchas de ellas mencionadas aún en particular, en la *"maldición de la ley"* (Dt. 28:15-62, y otros pasajes bíblicos). Ahora, en Gálatas 3:13, tenemos la declaración positiva de que, *"Cristo nos redimió de la maldición de la ley,* hecho por nosotros maldición; (porque está escrito: Maldito cualquiera que es colgado en madero)". ¿Podemos tener una declaración más clara de que Cristo, Quien nació bajo la ley para redimirnos, llevó su maldición, y por lo tanto nos redimió de toda enfermedad y dolencia? Aquí se dice que fue en la cruz donde Jesús nos redimió de la maldición de la ley. En otras pala-

bras, El nos redimió de las enfermedades siguientes, especificadas en Deuteronomio: *"tísis"*,
"fiebre", *"ardor"*, *"la plaga de Egipto"*, *"hemo-*
rroides", *sarna"*, *comezón"*, *"locura"*, *"ceguera"*,
"plagas", *"todos los males de Egipto"*, *"también*
toda enfermedad y toda plaga que no está escrita
en el libro de esta ley". Esto incluiría cáncer,
influenza, hinchazón, sarampión, y toda otra
enfermedad moderna. Si Cristo nos redimió de
la maldición de la ley, y la enfermedad está
incluída en la maldición, seguramente El nos redimió de la enfermedad.

La Redención y el Calvario Son Sinónimos

Redención es sinónimo de Calvario, por lo tanto
somos redimidos de toda la maldición, cuerpo,
alma y espíritu, solamente por Su Expiación.
Ahora, puesto que la enfermedad es una parte de
la maldición, ¿cómo podría Dios remover justamente esta parte de la maldición sanando a los
enfermos sin antes redimirnos de la misma?
Además, puesto que "Cristo nos redimió de la
maldición de la ley", ¿cómo puede Dios justificarnos y al mismo tiempo requerirnos que per-
manezcamos bajo ella, cuando, como dice el
Apóstol: "no estáis bajo la ley, sino bajo la gracia?" (Romanos 6:14). En resumen, ¿por qué
permanecer bajo la maldición de la ley una persona que no está bajo la ley? Hacerlo, sería lo
mismo que poner en prisión perpetua a un hombre después que éste ha probado su inocencia
y la corte lo ha justificado declarándolo libre de
la acusación de asesinato.

El hecho de que Dios haya curado alguna vez
a alguna persona es para mí la mejor prueba de
que la sanidad está provista en la expiación. Si
la sanidad no está provista para todos en la re-

dención, ¿cómo todos los que estaban en la multitud obtuvieron curación por Cristo que no había sido provista por ellos? *"El sanó a todos"*.

Una Pregunta Importante

Si el cuerpo no está incluído en la redención, ¿cómo puede haber una resurrección? ¿Cómo puede la "corrupción ser vestida de incorrupción", o "lo mortal vestirse de inmortalidad?". Alguien ha dicho muy bien que: "Siendo el futuro destino del hombre tanto espiritual como físico, su redención debe ser igualmente espiritual y física".

¿Por qué no debe el "postrer Adán" quitar de nosotros todo lo que el "primer Adán" nos echó encima?

Consideremos ahora algunos paralelos del Evangelio: 1. *"El Hombre Interior"*.
2. *"El Hombre Exterior"*.

1. Adán, por su caída, trajo el PECADO a nuestras almas.
2. Adán, por su caída, trajo la ENFERMEDAD a nuestros cuerpos.

1. El pecado por lo tanto es la OBRA DEL DIABLO.
2. La enfermedad es por lo tanto LA OBRA DEL DIABLO. Jesús *"anduvo haciendo bienes, y sanando a todos los oprimidos del diablo"* (Hechos 10:38).

1. Jesús *"apareció para deshacer las obras del diablo"* en el ALMA (1 Juan 3:8).
2. Jesús *"apareció para deshacer las obras del diablo"* en el CUERPO (1 Juan 3:8).

1. En el Calvario Jesús *"llevó nuestros PECA-DOS"* (1 Pedro 2:24).
2. En el Calvario Jesús *"llevó nuestras ENFER-MEDADES"* (Mateo 8:17).

1. Cristo fue "hecho *PECADO* por nosotros" (2 Corintios 5:21), cuando "El llevó nuestros pecados" (1 Pedro 2:24).
2. Cristo fue "hecho *MALDICION* por nosotros" (Gálatas 3:13), cuando El "llevó nuestras enfermedades" (Mateo 8:17).

1. "Quien llevó El mismo nuestros pecados" (1 Pedro 2:24).
2. "Por cuya herida fuisteis sanados" (1 Pedro 2:24).

1. "El es quien *PERDONA* todas tus iniquidades" (Salmo 103:3).
2. "El que *SANA* todas tus dolencias" (Salmo 103:3).

1. Jesús contestó la necesidad del alma del paralítico diciendo: "Tus pecados te son *PERDONADOS*" (Marcos 2:5).
2. Jesús contestó la necesidad del cuerpo del paralítico diciendo: *"LEVANTATE*, toma tu lecho, y vete a tu casa" (Marcos 2:11).

1. "Porque habéis sido comprados por precio; glorificad, pues, a Dios en vuestro . . . *ESPIRITU"* (1 Corintios 6:20).
2. "Porque habéis sido comprado por precio; glorificad, pues, a Dios en vuestro . . . *CUERPO"* (1 Corintios 6:20).

1. El espíritu es comprado por un precio.
2. El cuerpo es comprado por un precio.

1. ¿ES PERMANECIENDO EN PECADO el medio que tenéis para *glorificar* a Dios en vuestro espíritu?
2. ¿ES PERMANECIENDO ENFERMOS el medio de *glorificar* a Dios en vuestro cuerpo?

1. Puesto que Cristo "llevó nuestros pecados", ¿a CUANTOS será la voluntad de Dios *SALVAR*, cuando acuden a El?". "A TODO aquel que *cree*".
2. Puesto que Cristo "llevó nuestras enfermedades", ¿a *CUANTOS SERA LA VOLUNTAD DE DIOS SANAR*, cuando vienen a El? "El sanó a *TODOS*", (Mateo 12:15; Lucas 4:40).

1. "Dios hizo (a Cristo) pecado por nosotros, al que no conoció pecado". —Rev. A.J. Gordon.
2. Si nuestro Substituto llevó nuestras enfermedades, ¿no lo haría El para que nosotros no tuviéramos que llevarlas?" —Rev. A.J. Gordon.

1. Cristo llevó nuestros pecados para que nosotros fuéramos librados de ellos. No es simpatía —sufrir con; sino substitución sufrir por". —Rev. A.J. Gordon.
2. "Cristo llevó nuestras enfermedades para que nosotros pudiéramos ser librados de ellas. No es simpatía —sufrir con; sino substitución —sufrir por". — Rev. A.J. Gordon.

1. Si el hecho de que Jesús "llevó nuestros pecados sobre su cuerpo en el madero" es una *razón válida* para que confiémos ahora en El para el PERDON de nuestros pecados.
2. El hecho de que El "llevó nuestras enfermedades", es una *razón igualmente válida* por

la cual debemos confiar en El para la SA-
LUD de nuestros cuerpos.

1. La FE para la SALVACION "viene por el
   oir" del Evangelio —El *"llevó nuestros pecados"*.
2. La FE para la SALUD "viene por el oir" el
   Evangelio —El *"llevó nuestras enfermedades"*.

1. Por lo tanto,*"PREDICAD* el Evangelio (que
   El llevó nuestros pecados a toda criatura)".
2. Y *"PREDICAD* el Evangelio (que El llevó
   nuestras enfermedades a toda criatura)".

1. La promesa de Cristo para el alma *("será
   salvo")* está en la GRAN COMISION,
   (Marcos 16:15-18).
2. La promesa de Cristo para el cuerpo *("sanarán")* está en la GRAN COMISION, (Marcos
   16:15-18).

1. En relación con la Cena del Señor se toma el
   vino "en memoria" de Su *muerte por nuestras ALMAS* (1 Corintios 11:25).
2. En relación con la Cena del Señor se come el
   pan "en memoria" de Sus *heridas por nuestros CUERPOS*, (1 Corintios 11:23-24;
   1 Pedro 2:24).

1. El pecador debe *confesar antes de creer* el
   Evangelio "para JUSTICIA" (1 Juan 1:9;
   Romanos 10:10).
2. El creyente debe *confesar antes de creer* el
   Evangelio para SALUD, (Santiago 5:16).

1. El pecador tiene que *aceptar* como verdadera la promesa de Dios *antes de poder expe-*

rimentar el gozo de la SALVACION.
2. El enfermo debe *aceptar* como verdadera la promesa de Dios *antes de poder experimentar* el gozo de la CURACION.

1. "CUANTOS —pecadores— LE RECIBIERON . . . fueron NACIDOS DE DIOS", (Juan 1:12-13).
2. "CUANTOS —enfermos— LE TOCARON fueron SANADOS", (Marcos 6:56).

Ninguna persona apeló en vano por ayuda a Jesús por sufrimiento físico, mientras que multitud tras multitud acudían a El para curación física, las Escrituras siempre dicen lo mismo: "El sanó a todos", (Mt. 4:26; 8:16; 12:15, 35; 14:14; Lc. 4:40; 6:19; etc.). *"PONIENDO LAS MANOS SOBRE CADA UNO DE ELLOS, LOS SANABA"* (Lucas 4:40). El vino a hacer la voluntad de Su Padre, por lo tanto predicó el Evangelio y *"sanó a todos los enfermos". "El anduvo . . . sanando a todos los oprimidos del diablo"* (Hechos 10:38).

Su razón para sanarlos a TODOS es la expiación. *"El mismo* (vicariamente) *tomó NUESTRAS enfermedades, y llevó NUESTRAS dolencias"*, (Mateo 8:17). Si fue "nuestras" enfermedades lo que El llevó, nada menos que sanarlas TODAS cumpliría esto. Lo que Jesús hizo cuando curó a la mujer que tenía flujo de sangre, fue para esa única mujer, pero lo que El hizo en la cruz fue para todos. Puesto que la expiación fue la razón de Dios para que Cristo sanara a *TODOS*, El debe continuar sanando a TODOS los que reunan las condiciones, porque lo que la expiación hizo para aquellos que vivían en aquel día, hizo para nosotros en nuestros días. "El probó la muerte por *cada* hombre". Su propósito al ordenar que esto sea predicado a toda criatura (Marcos 16:15-18), es para que cada criatura pueda recibir sus beneficios.

Por tanto, la salud para *el alma y el cuerpo* estaban:

Ambas en los tipos de curación del Antiguo Testamento,

Ambas en la experiencia del Antiguo Testamento,

Ambas en la experiencia de Cristo,

Ambas en la expiación de Cristo,

Ambas en el Evangelio,

Ambas garantizadas en la Gran Comisión (Marcos 16:15-18).

Dos promesas definidas . . . una para el *ALMA* y una para el *CUERPO:* "*será salvo*", y "*sanará*".

Ambas en la Cena del Señor,

Ambas en las ordenanzas de la Iglesia, y

Ambas son necesarias, si nosotros vamos a terminar nuestra carrera y a recibir una recompensa completa.

4

SANIDAD DIVINA
EN LA SANTA CENA

Cada vez que se celebra la Santa Cena, o sea la Eucaristía, en todas las Iglesias, hay dos elementos simbólicos que los feligreses toman. (1)-el *Pan* que representa el *cuerpo* de Cristo que fue herido, lastimado y quebrantado por todos nosotros; y (2) el *Vino* (jugo de las uvas) que representa la *sangre* de Cristo que fue derramada por todos nosotros.

Se les ha enseñado correctamente a los miembros de todas las iglesias que el vino representa "la sangre del nuevo pacto, la cual es derramada por muchos para remisión de los pecados" (Mt. 26:28). Pero al participar en el acto de tomar el pan quebrantado que representa el cuerpo de Cristo "que por vosotros es partido" (1 Co. 11:24), se les ha enseñado a muy pocos el propósito del quebrantamiento, y el significado de las heridas y los azotes sufridos en Su cuerpo por ellos. La Biblia nos dice que "con Sus llagas somos sanados" (Isaías 53:5). Y por medio de Su sangre derramada se nos borran nuestros pecados. Por eso El "perdona todas tus iniquidades y sana todas tus dolencias" (Salmo 103:3).

La ceremonia de la Santa Cena debe ser también un servicio de sanidad divina. Hay curación en comunión con el cuerpo quebrantado de Cristo lo mismo como hay perdón en comunión con la sangre de Cristo.

Lea Ud. este mensaje cuidadosamente con un corazón abierto. Creemos que es uno de los mensajes más importantes tocante a la curación divina que se puede presentar al mundo.

Lo primero que quiero decir es ésto: Dios no considera las enfermedades como un garlardón, y El no necesita que usted sufra por Su gloria. Las enfermedades, así como el pecado o cualquier otro mal, no pueden glorificar al Padre. Es la LIBERACION que glorifica a Dios. La libertad de la esclavitud es la marca y "señal inequívoca" de la liberación del Nuevo Testamento.

La Iglesia de Corinto era carnal. Sus miembros eran como niños y les estorbaban muchas doctrinas falsas. Parece que Pablo tuvo más dificultad para mantener el orden entre sus miembros que en ninguna de las otras iglesias.

Algunos de los miembros dijeron que eran partidarios de Apolos; otros, de Pablo, (1 Co. 11:17). Fue en Corinto que surgió el desorden acerca de lenguas, interpretaciones de lenguas, profecías y otros dones (1 Co. 14:1-22). Y muchos más indicios de la carnalidad y falta de experiencia que existían en esa iglesia; muchos de sus miembros estaban *debilitados y enfermos*, y muchos de ellos hasta habían muerto antes de llegar a la edad madura, que debe haber sido a lo menos 70 años, (Salmo 90:10; 1 Co. 11:23-32). Tam-

bién, parece que el problema de las ENFERME-
DADES era muy marcado en la Iglesia de
Corinto.

Quisiera que noten Uds. que Pablo no les ensalzó
por estar debilitados y enfermos, ni tampoco
les compadeció por sus enfermedades. Al contrario, les REPRENDIO: Pablo no creía que debie-
sen estar debilitados y enfermos, y por lo tanto,
les regañó por estar así, porque para él, fue
prueba, no de su profunda espiritualidad, sino
de su falta de espiritualidad.

Pablo no trató de enseñarles que debían sufrir
sus enfermedades con paciencia, que quizás Dios
estaba probando su fe. El no les dijo que estas
enfermedades conducían a una devoción más
amplia y eran prueba de su profunda espiritualidad; sino que les dijo que no comprendieron el
sacrificio del CUERPO de su Cristo, ni sabían
discernirlo.

Pablo no dio una serie de discursos sobre el
tema: "Sufriendo con Cristo" por enfermedades,
como muchos lo hacen, sino que les enseñó que
Cristo sufrió enfermedades (es decir se hizo
enfermo) *por nosotros*, y que por Su sacrificio
somos redimidos de la MALDICION de la ley,
(Gálatas 3:13), una gran parte de la cual consiste
en las dolencias y enfermedades, (Dt. 28:15-16).

Pablo no les dijo a los Corintios que debían seguir en su estado de debilidades físicas y ser fieles en sus enfermedades; que Dios les sanaría
según su propio modo y cuando le pareciera
bien. *El les reprendió por estar enfermos* y entonces les explicó POR QUE estaban debilitados
y enfermos.

"No discerniendo el CUERPO del Señor. POR lo cual hay muchos enfermos y debilitados entre vosotros; y muchos duermen", (1 Co. 11:29, 30), dijo Pablo. La causa de sus enfermedades era que *ELLOS NO DISCERNIAN EL CUERPO DEL SEÑOR*, y eso explica debidamente el problema de tantos enfermos en la iglesia de hoy día. No es que Dios está purificando o glorificando a Su iglesia en el llamado "horno de aflicciones" que los tradicionalistas interpretan mal como "el horno de enfermedades". No es que Dios está probando la fe de Sus hijos. Las enfermedades se deben a la falta de recibir enseñanzas acerca del CUERPO de Cristo iguales a las enseñanzas acerca de la *sangre* de Cristo. A menos que se les enseñe a los enfermos la provisión de Dios y el sacrificio de Cristo para sanar sus cuerpos no pueden tener fe para reclamar esta bendición, así como el pecador no puede reclamar la bendición del perdón y recibir el don de la vida eterna si no se le ha enseñado la provisión de Dios y el sacrificio de Cristo para esta bendición mayor. Las verdades que se enseñan tan claramente en la Biblia acerca de la sanidad divina han sido casi por completo descuidadas, y por eso hay la falta de fe para obtener esta divina provisión ofrecida a todos los enfermos.

Muy a menudo en la primera noche de nuestras campañas, pido que todos los enfermos levanten la mano, y casi siempre, más de 75% de la congregación han levantado la mano para indicar que sufrían alguna clase de enfermedad o aflicción. *ESTAS COSAS NO DEBEN SER.* ¿Por qué existe esta situación? ¿Por qué hay 75% de nuestros miembros enfermos o adoloridos, sufriendo de las mismas enfermedades y dolencias que Jesucristo, Nuestro Substituto, ya ha sufrido por nosotros (Mateo 8:17)?

¿Podemos permitir que continúe esta situación mientras los tradicionalistas siguen culpando a Dios por nuestros sufrimientos, amonestando a los miembros de las iglesias que sufran con paciencia en sus tribulaciones y su cruz (?) de enfermedades, que estas tribulaciones acabarán en beneficio de los afligidos en alguna manera *misteriosa* en algún tiempo *desconocido*? ¿Seguiremos con este método tradicional de compadecer a los adoloridos, mientras permitimos que satanás invada sus posesiones redimidas y compradas en el Calvario? Yo digo que ¡NO!

Ultimamente, leí un artículo titulado: "Aflicciones", que encontré en una revista que se supone enseña el evangelio completo. En el artículo, el autor dijo, "No seamos impacientes por buscar liberación, sino que esperemos la hora que Dios tiene señalada. No es sabio escapar de las prisiones imprudentemente".

Pero Pablo No enseñó tal contradicción de parte de Dios. Pablo dijo, "He aquí *ahora* el tiempo aceptable: he aquí *ahora* el día de *salud*" (2 Co. 6:2). Y esta palabra SALUD significa la liberación del pecado y de la pena del pecado, una gran parte de la cual es la enfermedad. Pablo enseñó que la fe lleva al hombre a la completa y plena libertad para el hombre entero, alma y cuerpo, efectivo *AHORA por la fe en las promesas de Dios.*

El mismo autor continuó en su artículo sobre "Aflicciones" con estas palabras: "Consideremos *cada aflicción* (se refería a las enfermedades), sea leve o dura, el *Mensajero de Dios* enviado a nosotros, que vamos a recibir *con cortesía*, sabiendo que "a los que a Dios aman, todas las cosas les ayudan a bien". Sin duda, este artículo agradó mucho a satanás, dado que el autor ha procurado persuadir a sus lectores de que echen la culpa a *Dios* por la cosa de que satanás es directamente responsable, (Job 2:7; Lucas 13:16; Hechos 10:38).

"Pero", preguntan muchos, "¿Cuál es la respuesta? ¿Qué se puede hacer?".

La respuesta es sencilla cuando nuestra actitud es recta. Tenemos que *discernir* debidamente el *CUERPO del Señor*. Tenemos que ser enseñados acerca del *Cuerpo* del Señor y del sacrificio físico que El hizo por nosotros.

Un Contraste Entre una Iglesia del Antiguo Testamento y Una Iglesia del Nuevo Testamento

He mencionado la Iglesia de Corinto en la cual, aunque eran pocos los miembros, había MUCHOS debilitados y enfermos entre ellos. Ahora quiero mencionar otra iglesia, mucho más grande, de unos tres millones de almas. Esta iglesia existía bajo condiciones mucho más difíciles que las de la Iglesia de Corinto, y era muchos miles de veces más grande; sin embargo, en esta iglesia, *"no hubo* en sus tribus enfermos" (Salmo 105:37). Eran los hijos de Israel camino de Egipto a Canaán.

Aquí tenemos dos iglesias. La una, una iglesia del Antiguo Testamento; la otra, una iglesia del Nuevo Testamento. Una fue controlada por la ley; la otra, bendecida por la gracia. La una, establecida por la sangre de los animales; la otra, establecida por la sangre del Hijo de Dios. Sin embargo, aquella iglesia en el Antiguo Testamento, controlada por la ley, establecida con la sangre de los animales, con tres millones de miembros, no tenía UNA persona enferma o debilitada entre ellos; mientras la iglesia en el Nuevo Testamento, bendecida por gracia y fundada con la sangre de Jesús, con pocos miembros, tenía MUCHOS enfermos y debilitados entre ellos. Seguramente había algo malo allí, y todavía hay algo malo donde tales condiciones existan.

Salud Provista Con la Liberación de Israel

Vamos a hacer un viaje a Egipto donde por 400 años los hijos de Israel habían vivido. Los malos gobernadores habían esclavizado al pueblo de Dios. Pasaron muchos años largos y tristes mientras los Israelitas servían como esclavos de una nación pagana. Como esclavos pasaron largas horas suplicando con lágrimas al Dios Jehová que El los librase.

Más está escrito que un día "Dios oyó el gemido de ellos, y acordóse de su pacto con Abraham, Isaac y Jacob. Y miró Dios a los hijos de Israel, y los reconoció Dios" (Exodo 2:24-25). Y Dios escogió a un hombre llamado Moisés al cual El dijo, "Bien, he visto la aflicción de mi pueblo que está en Egipto y he oído su clamor a causa de sus opresores; pues he conocido sus angustias, y he descendido para librarlos de mano de los Egipcios . . . Ven, por tanto, ahora, y te enviaré a Faraón para que saques de Egipto a mi pueblo, los hijos de Israel" (Exodo 3:7, 8, 10). Y Dios todavía oye las oraciones de los que están en

esclavitud, y dice las mismas palabras a cada uno
que necesita ser librado hoy. El anhela librarle
a Ud., y ha escogido a ciertos hombres para que
le traigan esta liberación.

Moisés obedeció este llamamiento para librar al
pueblo de Dios. Después de muchos milagros y
señales que él hizo en Egipto, llegó la obra final,
y Dios le dijo: "Hablad a toda la congregación
de Israel, diciendo: . . . Tómese cada uno un cordero . . . y lo inmolará . . . y tomarán de la
sangre, y pondrán en los dos postes, y en el din-
tel de las casas . . . y *COMERAN LA CARNE*
(del cordero): es la Pascua de Jehová" (Ex. 12:3,
6-8, 11).

Fíjese Ud. cuidadosamente en que había *dos*
cosas que hacer: *poner la sangre* del cordero, y
comer la carne del cordero. Muchos han olvi-
dado esto de COMER DEL CUERPO DEL COR-
DERO que es tan importante y significativo como el tomar de su sangre.

Note Ud. las dos obras:
Primera: el ángel de la muerte, que había de
pasar por Egipto matando al primogénito de
cada familia, era un símbolo de la muerte eterna
para el alma del hombre, causada por una naturaleza perversa y depravada, que la sangre de
Jesucristo, Nuestro Cordero, expió, así como la
sangre del cordero hizo la expiación por Israel.
Todo esto trató de la cuestión del pecado; las
necesidades del alma. . . no eran cuestión de las
enfermedades.

Segunda: *el comer de la carne del cordero*
trató directamente sobre las necesidades físicas
del hombre. Recuerde Ud. siempre que ésto de

comer la carne del Cordero no tenía nada que
ver con la visita del ángel de la muerte, porque
la *sangre* en los postes era la señal dada al ángel
de la muerte, así como la sangre de Jesucristo,
Nuestro Cordero, es la única expiación por nuestros pecados, redimiendo y librándonos de la
pena final del pecado, que es la *muerte*.

Israel empezaba el viaje, que es un símbolo de
nuestro viaje cristiano por la vida, rumbo a nuestra patria celestial. Dios hizo planes para que sus
hijos estuvieran fuertes y sanos en aquel viaje, y
éso es todavía su plan.

¿Qué pasó cuando Israel comió del CUERPO
del cordero? Nada de importancia que se pudiera
notar. Sin embargo, el comer de la carne del
cordero era tan significativo como el poner la
sangre del cordero en los postes.

Las dos acciones se hacían por fe, vislumbrando
en el porvenir el mismo sacrificio de Jesucristo
en el Calvario que nosotros veneramos como
un acto del pasado cuando en fe tomamos de los
DOS EMBLEMAS, el pan y vino, en memoria
de la muerte de *Nuestro* Cordero.

Dios ha instalado en el cuerpo humano una
fábrica pequeña que se llama el estómago. Los
alimentos que comemos se digieren allá y van
al sistema circulatorio. Y llega a ser carne de
nuestra carne, hueso de nuestro hueso, piel de
nuestra piel, cuerpo de nuestro cuerpo. Llega a
ser parte de nosotros.

La carne, o sea el CUERPO del cordero inmolado en Egipto, al ser comido, llegó a ser parte
de los Israelitas. Llegó a ser carne de su carne,

hueso de su hueso, piel de su piel, cuerpo de su cuerpo, y era símbolo del CUERPO de Jesucristo, el Hijo de Dios, quien más tarde iba a ser inmolado por todo el mundo. (Véase Juan 6:35). Cuya vida, dijo Pablo, sería "manifestada en nuestra *carne mortal*" (2 Co. 4:11), declarando que nosotros por fe, habíamos llegado a ser "miembros de su *cuerpo*, de su *carne* y de sus *huesos*" (Ef. 5:30). Participamos simbólicamente del mismo CUERPO de Cristo cada vez que participamos del pan en la Santa Cena (Véase 1 Co. 10:16). La fe reconoce esta verdad y reclama los beneficios prometidos por el CUERPO que fue herido por nosotros, el cuerpo que recibió los azotes tan crueles por los cuales somos sanados (1 Pedro 2:24).

Los Israelitas comieron el CUERPO del cordero y empezaron su viaje al día siguiente. En el camino encontraron que todas sus enfermedades habían desvanecido y todas sus aflicciones habían desaparecido. Y ¡he aquí! *"no hubo en sus tribus enfermo"* (Salmo 105:37). Nadie estaba enfermo; nadie debilitado, nadie delicado de salud; al contrario, cada uno de ellos era fuerte, sano y robusto. *Ellos habían comido del cuerpo del cordero* que había llegado a ser parte de su propio cuerpo. ¡Maravilloso! ¡Admirable! ¡Casi increíble! Piense Ud., en casi tres millones de personas, *¡ni una persona débil* entre ellos!

Cuando obedecieron los mandatos de Moisés, aceptando su mensaje acerca del *cordero*, Dios hizo un pacto o CONTRATO con ellos, diciendo, "Yo soy Jehová tu Sanador" (Ex. 15:26). *ESA ES SU PROMESA TODAVIA*, a pesar de que muchos en la Iglesia de Corinto murieron antes de su tiempo. TODAS las promesas de Dios esperan nuestro reclamo por fe, entonces llegan a ser nuestras.

Acuérdese Ud. de que Israel no tan sólo puso la sangre en los postes, que era un símbolo de la salvación del pecado, sino que ellos también comieron del CUERPO del cordero, que era símbolo de la curación de las enfermedades. ¿Por qué digo esto? Fíjese un poquito más y va a comprender porque hago esta declaración.

El PECADO y las ENFERMEDADES son los gemelos de maldad de satanás, designados para derrumbar, matar y destruir la raza humana que es la creación de Dios.

La SALVACION del pecado y la CURACION para las enfermedades son las gemelas de misericordia que Dios ha provisto para suplir cada necesidad física y espiritual del hombre.

Cuando Jesucristo se hizo el Substituto del hombre, llevando en sí el pecado y las enfermedades del hombre, lo hizo para que el hombre fuera librado de ellas y de su poder. Así El expió los pecados del hombre, llevándolos por él (1 Pedro 2:24); El proveyó la manera de quitar las enfermedades del hombre, llevándolas por el hombre (Mateo 8:17). El hombre que cree estas verdades y que acepta los sacrificios del Calvario como la substitución para sí mismo, está libre de sus pecados y de sus enfermedades, no importa si "siente" o no un cambio inmediatamente. Si lo cree y si se porta como si lo creyera en verdad, siempre se producen los resultados prometidos.

Cuando un hombre está libre del pecado y de las enfermedades, es un hijo rescatado de Dios. Así en la salvación del pecado y la curación de las enfermedades, cada necesidad del hombre ha sido provista. Cuando el hombre acepta estas verdades y es *salvado física y espiritualmente*, entonces él está listo para gozar de todas las abundantes bendiciones que Dios tiene guardadas para Sus hijos en la fe. Sin las dos de estas misericordias no tenemos una liberación completa.

Liberación del Pecado y
De Las Enfermedades a la Par

Dios no tan sólo fue el Libertador del ángel de la muerte para los Israelitas, sino también, el sanador de sus enfermedades y El dijo, "Yo Jehová, no me mudo" (Malaquías 3:6).

CADA Israelita que puso la sangre en los postes de su casa fue protegido del golpe del ángel de la muerte, y *cada* Israelita que comió carne del cuerpo del cordero fue librado de las enfermedades y se hizo fuerte, sano y robusto. Ese ha sido el plan de Dios para sus hijos obedientes en todas las Sagradas Escrituras.

En su alabanza a Dios, David dijo, "Bendice, alma mía, a Jehová, y no olvides NINGUNO de sus beneficios. El es quien *perdona todas* tus iniquidades (allí tenemos el asunto del *pecado)*, El que *SANA todas* tus dolencias (allí tenemos el asunto de las *enfermedades)*" (Sal. 103:2, 3); así demostró que tanto la liberación del pecado como la de las enfermedades ha sido provista.

Isaías dijo de este glorioso Cristo que había de venir: "él herido fue por nuestras rebeliones, molido por nuestros pecados (allí está el asunto del *pecado):* y por su llaga fuimos nosotros curados (allí está el asunto de las *enfermedades)"* (Isaías 53:5); así demostró otra vez que se ha hecho una provisión para nuestra liberación tanto del pecado como de las enfermedades.

Entonces, cuando vino Jesús y empezó a predicar el evangelio del reino de Dios, fue probado que El es no sólo el Sanador de enfermedades sino también el que perdona pecados. Era el mismo Cristo quien dijo, "Levántate, toma tu lecho, y vete a tu casa (allí tenemos el asunto de la enfermedad)"; quien dijo también, "Hijo, tus pecados te son perdonados (allí tenemos el asunto del pecado)" (Marcos 2:5, 11). Jesús así proveyó el perdón para los pecados y la curación para la enfermedad del hombre paralítico.

Jesús el Sanador y Salvador

Tres años de la vida de Jesús fueron utilizados en sanar a los enfermos y en predicar a los pecadores. Entonces llegó la época crítica durante la cual iba a hacerse el substituto del hombre. Iba a hacerse pecador con nuestros pecados (2 Co. 5:21) e iba a hacerse enfermo con nuestras enfermedades (Isaías 53:10). Tanto el pecado como las enfermedades había que quitarlos, pero antes de que pudieran ser quitados justamente, la pena para ambos tenía que ser pagada. Jesucristo, el sin-pecado, y sin-enfermedad, era el único que podía hacer esto; El lo hizo por causa de Su gran AMOR hacia nosotros y lo hizo *por nosotros* (Isaías 53).

Pero antes de que Jesús fuera a la cruz del Calvario, El trató de mostrarles a Sus discipulos lo que debían esperar y lo que serían los efectos del sufrimiento que El iba a padecer. Así Pablo lo relata todo: "Que el Señor Jesús, la noche que fue entregado, tomó PAN; y habiendo dado gracias, lo partió, y dijo: Tomad, comed: esto es MI CUERPO que por vosotros es partido, haced esto en memoria de mí. Así mismo tomó también la copa, después de haber cenado, diciendo: Esta copa es el nuevo pacto en Mi sangre: haced esto todas las veces que bebiereis, en memoria de mí" (1 Co. 11:23-25).

Es posible que los discípulos que se sentaron a la mesa y le oyeron hablar estas palabras no comprendieran mucho de lo que les decía. No tenían idea de lo que iba a pasar, . . . pero pasó. Cruel, impío, brutal y malo como fue . . . sin embargo, todo fue por la liberación mía y la suya.

Por las manos de hombres crueles, Jesús, *Nuestro CORDERO 'FUE AZOTADO'* Le escupieron, fue herido, fue atormentado. En Su cuerpo los terribles azotes de los romanos dejaron hondas huellas al arrancar materialmente pedazos de carne de Su espalda. *ESTOS FUERON LAS LLAGAS* por las cuales según Isaías y Pedro, *FUIMOS SANADOS. Y estas llagas fueron puestas en su CUERPO.* Su *cuerpo* fue azotado brutalmente por nosotros. Esto no fue la expiación hecha por nuestros *pecados.* Sino que Jesús estaba cargando en sí nuestras enfermedades y así proveyó la curación de nuestros cuerpos. Y quiero decirlo otra vez: *aquellos azotes, llagas y heridas por los cuales fuimos sanados fueron puestos sobre Su CUERPO.* Mateo dice: "El mismo tomó NUESTRAS enfermedades, y llevó NUESTRAS dolencias" (Mateo 8:17).

Después de que habían azotado y herido su CUERPO, por cuyas llagas fuimos nosotros curados, entonces le clavaron en la cruz y le traspasaron el costado. Su sangre se derramó al suelo, pero la sangre fue "derramada por muchos para remisión de los *pecados*" (Mateo 26:28), y no para la curación de las enfermedades.

Jesús, Nuestro Cordero, sufrió de dos maneras. Derramó Su sangre en la cruz para nuestra *salvación* del pecado, y llevó en Su CUERPO las llagas para nuestra *curación* de las enfermedades. En la intensa agonía *espiritual* y la agonía física del Calvario, que Jesús sufrió mayormente en Su espíritu, dado que durante aquel tiempo, aún Su Padre Celestial le desamparó, Jesús llevó nuestros *pecados*, siendo hecho pecado por nosotros (2 Co. 5:21). Pero en la agudísima agonía física del Pretorio, donde Jesús sufrió en Su CUERPO los terribles azotes de los romanos, llevó nuestras *enfermedades;* pues allí por Sus llagas recibió la enfermedad como expiación por nosotros (Isaías 53:10), y *por Sus llagas* somos sanados.

Cuando todo había terminado y Jesús había vuelto a la diestra del Padre Celestial, y se había sentado, ya que todo era "consumado", ya que había librado completamente al hombre, espiritual y físicamente de toda esclavitud satánica, el Espíritu Santo reveló a Pablo el significado de todo ésto. Se puede hallar interpretado en las cartas de Pablo.

Pablo Explica la Santa Cena

Pablo era el gran maestro de la FE. Fue a Pablo que el plan de la *salvación por fe en Jesucristo* fue revelado. Declara continuamente que como

Jesucristo llevó nuestros pecados y enfermedades, los beneficios de aquel sacrificio substituidor son recibidos por la FE. No es por las obras de la ley, sino por la fe en la gracia de Dios que recibimos salud y salvación de Dios.

Así es que Pablo nos habla en la Primera Espístola a los Corintios, capítulo once, del sacramento de la Santa Cena, que cada iglesia cristiana observa. Nos habla acerca de los DOS EMBLEMAS que tomamos en memoria de los sufrimientos de Jesucristo, Nuestro Cordero: *el pan y el vino;* símbolos vivos del CUERPO herido y lastimado por nuestra curación *física,* y la sangre derramada por nuestra curación *espiritual.* Después nos dice: "Porque todas las veces que comiereis este pan, y bebiereis esta copa, la muerte del Señor anunciáis hasta que El venga" (1 Corintios 11:26).

En capítulo 10 de Primera Corintios, versículo dieciséis, Pablo interpreta estos DOS EMBLEMAS: "La *copa* de bendición que bendecimos, ¿no es la comunión de la *sangre* de Cristo? El PAN que partimos, ¿no es la comunión del CUERPO de Cristo?".

La SANGRE de Jesús fue derramada cuando El llevó nuestros pecados para que nosotros no tuviéramos que llevarlos, y para que pudiéramos escapar de ellos y librarnos del poder del pecado en nuestras vidas. El CUERPO de Jesús *fue azotado cuando El llevó nuestras enfermedades* para que nosotros no tuviéramos que llevarlas y para que fuéramos sanados y librados del poder d las enfermedades en nuestras vidas.

Cuando se les enseñe a los cristianos cómo dis-

cernir su liberación de todas las enfermedades
y del poder de estas enfermedades en sus vidas
por las llagas en el CUERPO de Cristo, así como
se les ha enseñado discernir su liberación de todo
pecado y del poder de ese pecado en sus vidas
por la SANGRE de Cristo, entonces estarán
tan libres de las enfermedades como del pecado.
Entonces, las enfermedades tendrán tan poco
poder sobre ellos como los pecados. Entonces
no vivirán sufriendo enfermedades así como no
cometerán pecados. Considerarán que las enfermedades son tan perjudiciales para sus cuerpos
como el pecado para sus almas. No tolerarán
ni las enfermedades ni los pecados. Ni las enfermedades ni el pecado encontrarán lugar en sus
vidas. Creerán que Dios tendría tan poca razón
en hacerles que se enfermasen como tendría en
hacerles pecar. Verán que las enfermedades son
de tan poco valor para la gloria de Dios como el
pecado. No admitan en sus vidas ni las enfermedades ni los pecados. Verán que los pecados
y las enfermedades han sido quitados, ya que
han sido llevados por Nuestro Maravilloso Substituto . . . Jesús, el Cordero de Dios, traspasado
y herido por nosotros.

Participando de la Comunión
(La Santa Cena)

Cuando se nos sirven los emblemas de la Santa
Cena en memoria de la muerte de Nuestro
Señor, tomamos la *copa* del jugo de la vid, y
muy reverentemente, lo tomamos. Después de
beberlo, generalmente, expresamos nuestra grati-
tud a Nuestro Padre Celestial por Su Cristo tan
precioso, y por el poder milagroso que hay en
la sangre de Cristo para lavar y quitar todos
nuestros pecados. Nos regocijamos porque el

poderío del pecado que había en nuestras vidas
ya ha sido vencido; que el pecado ya no tiene
dominio sobre nosotros. Pero, ¿cómo sabemos
estas cosas? ¿Por qué somos tan confiados?
¿Quién nos dijo estas cosas? ¿Quién nos dijo que
hemos sido redimidos de nuestros pecados; que
hemos sido librados por completo del poderío
del pecado? ¿No han exagerado al decirnos que
la sangre de Jesucristo, el Hijo de Dios, nos
limpia de todo pecado? Contestamos que ¡NO!?

Esta es la verdad. La verdad siempre libra. Estamos libres del PECADO. Una sola vez por
todas, Cristo fue sacrificado. Hemos sido salvados de una vida de pecado, y creemos que el
pecado no tendrá más dominio sobre nosotros,
porque somos SALVOS. Se nos ha enseñado la
verdad acerca de esta parte de los beneficios de
la expiación de Cristo. Si nos hubieran enseñado
lo mismo acerca del CUERPO de Cristo, hubiéra-
mos sido librados de las enfermedades de la
misma manera que hemos sido librados del
pecado.

Pero al servirnos el PAN, lo tomamos con ternura, y COMEMOS EL PAN (es decir, un recuerdo del cuerpo de Jesús, *Nuestro* Cordero), así
como los Israelitas comieron del cuerpo del
cordero inmolado en Egipto. Entonces, otra
vez damos gracias por el maravilloso sacrificio
de Jesús. Le damos gracias que el CUERPO de
Cristo fue herido por nosotros; y no nos han
enseñado más. No nos han dicho de los beneficios que podríamos recibir porque su CUER-
PO fue AZOTADO Y HERIDO por nosotros.

Generalmente, durante la Santa Cena los ministros han pasado por alto "El que sana todas tus

dolencias" (Salmo 103:3). Y porque la iglesia no ha discernido correctamente el CUERPO del Señor, muchos están enfermos y debilitados hoy día.

Jesús,
el Cargador del Pecado y las Enfermedades

Dos Escrituras son suficientes para mantener nuestra fe en Cristo, como Nuestro Substituto para las dos cosas, para el pecado y para la enfermedad Jesús es mi Substituto, esto quiere decir que El los llevó; yo no tengo que llevarlos.

Primero: "Quien llevó El mismo nuestros pecados en su cuerpo sobre el madero" (1 Pedro 2;24). Si El los llevó, y yo creo que El los llevó *por mí*, aunque no puedo comprenderlo, ni verlo, sin embargo, yo no necesito llevarlos. El resultado es: *SOY SALVO DE ELLOS* sencillamente por la fe.

Segundo: "El mismo . . . llevó nuestras dolencias" (Mateo 8:17). Si El las llevó, y yo creo que las llevó *por mí*, aunque no puedo comprenderlo, ni verlo, yo no necesito llevarlas. El resultado es: *SOY SANADO DE ELLAS* sencillamente por la fe.

Yo no tuve nada que ver con ello. Yo solamente creo que Jesús llevó MIS pecados y MIS enfermedades personales . . . en mi lugar. Si El las llevó *por mí*, yo me regocijo porque ya no es necesario que yo las lleve, y ¡he aquí! yo he recibido la salvación del pecado y la curación de las enfermedades por la FE, y encuentro que por Su sangre SOY SALVO, y por Sus llagas SOY SANADO.

Si deseamos ver suplidas las necesidades físicas de la gente, entonces TENEMOS QUE predicar esa parte de las Sagradas Escrituras que
promete la libertad para el elemento físico
del hombre, entonces podrán glorificar a Dios
en sus cuerpos (1 Corintios 6:20).

Yo he visto a cientos de personas sanadas milagrosamente durante un sólo servicio donde predicamos este mensaje de que *"Hay salud en el
CUERPO herido igualmente como hay Perdón
en la SANGRE derramada de Cristo"*. El llevar
la liberación al pueblo no es un problema de la
fe. El problema consiste en enseñarles debidamente esa parte de la Palabra de Dios que les
promete las misericordias que buscan. Dondequiera y cuandoquiera que la gente preste atención a la predicación de estas verdades "La fe
es (a ellos) por el oír (esa parte de) la Palabra
de Dios". La Palabra de Dios, si se atiende debidamente, nunca deja de producir la fe en el
corazón de los oyentes, cuya actitud es recta
para con Dios y Su Palabra, para que reciban
cada una y todas las promesas que Dios les ha
hecho.

Vamos a suponer que toma de la *copa* alguien
que nunca ha sido enseñado que es el emblema
de la *sangre* de Cristo que fue derramada por la
remisión de todos los pecados de los que de
veras creyesen. Tal persona no puede creer en
algo que no ha sido enseñado. No puede creer
para recibir esta experiencia de las promesas que
Dios ha hecho en base de la sangre de Cristo.
¿Sería salvo el hombre solamente porque había
tomado el vino? ¡NO!

Vamos a suponer que alguien toma del *pan*,

(como lo hacen millones en las iglesias hoy día)
quien nunca había sido enseñado que el pan es
un emblema del CUERPO de Cristo que fue herido y por cuyas llagas todas las enfermedades y
dolencias de los que de veras creen son curados.
Sería imposible que el hombre creyera para
recibir esta experiencia, si nunca se le hubiera
hablado de las promesas de Dios tocante al
pan. ¿Sería *sanado* solamente porque había
comido el pan? ¡NO! Y por eso hay un porcentaje tan alto de enfermos y debilitados en las
iglesias hoy día. Ellos participan del cuerpo,
pero como no han sido enseñados tocante al
cuerpo de Jesús, no *disciernen el cuerpo;* por lo
tanto, no reciben los beneficios del cuerpo herido de Cristo y quedan debilitados y enfermos.

La salvación es por la fe, no es por lo que siente
uno. Y la sanidad es por la fe, no por lo que
sentimos. Es necesario que nos enseñen la Palabra de Dios acerca de cualquier promesa que
Dios haya hecho, antes de que podamos recibirla
por la fe, pues "la fe es por el oir . . . la Palabra
de Dios".

La Copa y el Pan

En la Santa Cena, la copa (jugo de uva) representa la *sangre* de Cristo derramada en beneficio de muchos para la remisión de los *pecados*. Y cuando yo lo tomo, me regocijo porque
mi naturaleza pecaminosa ha sido cambiada;
porque he vuelto a nacer y soy hecho una nueva
criatura; porque SOY SALVO. Con esta actitud, he discernido debidamente la *sangre* del
Señor. Esto lo han hecho debidamente los
corintios y miles de los cristianos de hoy día.

En la misma Santa Cena, el pedazo del pan par-

tido representa el *cuerpo* de Cristo, herido con
azotes crueles, por cuyas llagas se me curó y se
me quitó mi *enfermedad*. Cuando lo como, me
regocijo porque mi cuerpo debilitado y enfermo
ha sido cambiado; porque ha llegado a ser hueso
de Su hueso, carne de Su carne, y cuerpo de Su
cuerpo (Efesios 5:30), y que "la vida de Jesús
es manifestada en mi *carne mortal* (que era débil
y enferma)" (2 Co. 4:11); que las enfermedades
ya no tienen más poder sobre mí; que SOY SA-
NADO. Con esta actitud, he discernido debidamente el CUERPO del Señor. Esto, multitudes
hoy día NO LO HAN HECHO.

Sirviendo los Emblemas . . .
Rehusando los Beneficios

Muchas veces me he preguntado por qué aquellos pastores que no predican la curación divina
para el cuerpo, sirven el PAN a su congregación,
aquel pan que representa el CUERPO de Cristo,
sobre el cual fueron puestas las llagas y heridas,
por las cuales nosotros (todos los creyentes)
fuimos curados (Isaías 53:5; 1 Pedro 2:24).
Sería consecuente que sigan sirviendo la "copa",
que representa la sangre derramada por la remisión del pecado a sus congregaciones, porque la
han discernido debidamente y son bendecidos
por la SANGRE de Cristo; pero, parece inútil
y una pérdida de tiempo que sirvan a sus congregaciones el "pan" que representa el CUERPO del
Señor, azotado y herido en beneficio de nuestra
salud física, y luego sigan diciéndoles que la
curación divina ya no es para la iglesia de hoy
día. Si no lo es, entonces, yo sugeriría que sean
consecuentes y que dejen de servir el EMBLEMA
del sacrificio de Jesús, Nuestro Cordero, que
provee tal curación a la iglesia. Muchos de sus
miembros están enfermos o debilitados porque,

aunque participan del Cuerpo del Señor no comprenden (disciernen) el CUERPO del Señor como deben.

Cuando Jesús dijo: "Este pan que por vosotros es partido representa mi cuerpo", El esperaba que comprendiésemos que fue su cuerpo que recibió las llagas crueles por las cuales somos curados. El discernir debidamente a Su cuerpo traerá la liberación de nuestras enfermedades, lo mismo que el discernir Su sangre derramada quitará nuestros pecados. Algunos toman la Santa Cena *indignamente* y por lo tanto no son capaces de discernir ni aprovechar con fe el cuerpo del Señor para su salud, aún después de haber recibido instrucciones. Si un hombre que necesita salud, primero "se examina" y se pone en armonía con Dios, para que pueda "comer el pan y beber la copa dignamente", como Pablo les enseñaba, entonces será capaz de discernir el cuerpo del Señor con fe para su salud.

Los beneficios de la curación en el CUERPO herido de Nuestro Cordero, son enseñados tan claramente por todas las Escrituras como los beneficios de la salvación en la SANGRE derramada de Nuestro Cordero.

Discierna Ud. el CUERPO como haber sido azotado y herido, por cuyas heridas sus enfermedades fueron sufridas y Ud. fue curado y la *salud* será suya tan seguramente como cuando discierne la SANGRE como haber sido derramada por usted; y en ese sacrificio sus pecados fueron llevados por otro y ahora Ud. *es salvo*.

La enfermedad perderá su poderío sobre su cuerpo así como el pecado perdió su poderío sobre su alma. Usted estará tan libre de las enfermedades como del pecado. Cristo, su Substituto, llevó ambas cosas POR USTED, por lo tanto, no es necesario que usted los lleve. Creyendo esta porción de la Palabra de Dios y portándose conforme a tal creencia, usted está libre . . . sí, libre de las *enfermedades* así como del *pecado*.

Más el tentador dice, "Necio, ¿cómo puede creer que su enfermedad ha sido sanada? ¡No puede usted 'sentir' ese dolor?". Sin embargo, declare Ud. con calma, "Por Sus llagas soy curado. Cristo llevó mi enfermedad y aflicción y yo me recuperaré de cada síntoma de la enfermedad y dolencia, porque estoy libre de su poder por Jesucristo, *mi Cargador de enfermedades*".

Suponga Ud. que el enemigo hubiera dicho, "Necio, ¿cómo puede creer que sus *pecados* han sido perdonados y limpiados? ¿No 'siente' Ud. esa horrible convicción de los pecados que ha cometido?". Con mucha calma usted hubiera declarado, "La sangre de Jesucristo me limpia de toda maldad. Cristo llevó mis pecados por mí, por lo tanto estoy libre del poder del pecado por Jesucristo *mi Cargador de pecado*".

Declare y considere Ud. que sus *enfermedades son sanadas por la fe*, exactamente como usted testifica y considera que sus *pecados son perdonados y limpiados por la fe. SE RECLAMA LA CURACION POR LA FE EN LA PALABRA DE DIOS* que declara "El llevó en Su cuerpo nuestras enfermedades", lo mismo como *se reclama perdón y limpieza por la fe en la Palabra de Dios* que declara que Cristo "llevó NUESTROS pecados".

Es necesario que el pecado y las enfermedades sean llevados una SOLA vez. Y dado que está escrito que Jesucristo ya los ha llevado, entonces el hecho de que Cristo ya los llevó resulta completamente EN VANO en vista de que usted no ha sido beneficiado. Pero yo le declaro, que como Cristo ya los llevó, usted y yo *NUNCA NECESITAREMOS LLEVARLOS* y así "por Sus llagas somos sanados" y por Su sangre tenemos la "remisión del pecado".

Ahora ya no creemos en el derecho de las enfermedades para reinar en nuestro cuerpo así como negamos el derecho del pecado para reinar en nuestro espíritu.

Eche usted mano por la FE a ambas de estas provisiones maravillosas. Acéptelas como las suyas. Acepte usted a Jesús como su Salvador y estará libre de las enfermedades lo mismo como está libre del pecado.

5

EL NOMBRE DE JESUCRISTO

"Y todo lo que pidiereis al Padre en mi nombre, lo haré, para que el Padre sea glorificado en el Hijo" (Juan 14:13). "Todo cuanto pidiereis al Padre en mi nombre, os lo dará" (Juan 16:23).

Según estas Escrituras, podemos creer con toda confianza, si Jesús dijo la verdad, que tenemos el derecho de pedir la curación al Padre en el nombre de Jesucristo, y recibirla. Si creemos la Palabra de Dios, podemos pedir en el nombre de Jesús, y siempre recibiremos lo que hemos pedido; es decir, como dijo Juan en 1 Juan 5:14: "Si pedimos alguna cosa conforme a Su voluntad, El nos oye" . . . y seguramente la curación divina ES SU VOLUNTAD para TODOS.

Ustedes que sufren de las enfermedades, tienen razón en pedir la curación al Padre. Entonces "todo lo que pidiereis orando, creed que lo recibiréis, y os vendrá" (Marcos 11:24).

Jesús nos dejó su nombre. Tenemos el derecho de usarlo. Satanás está ordenado a respetar dicho "Nombre que es sobre todo nombre"; su reino entero tiene la obligación de obedecer nuestro mandato cuando lo hacemos en el Nombre de Jesucristo (véa San Lucas 10:17).

Siempre tenga presente, que fue Jesús quien conquistó al pecado, a satanás, a las enfermedades, a la muerte, al infierno y a la tumba; El que nos ha permitido usar Su NOMBRE por derecho legal.

Cuando Jesús nos brindó el derecho de usar su Nombre, el Padre comprendía bien todo lo que implicaría cuando lo usáramos en la oración; su gozo siempre es reconocer aquel Nombre. Las posibilidades envueltas en aquel Nombre son más de lo que nuestro entendimiento puede comprender, y cuando Jesús dice a la Iglesia: "Todo lo que pidiereis al Padre en Mi Nombre", El nos entrega un cheque ya firmado y respaldado por todos los depósitos del cielo y nos ruega llenarlo. ¡Qué privilegio! Vale la pena que todo cristiano que necesite la curación, haga un estudio completo e intensivo sobre los depósitos de Jesús, para que comprenda algo de las riquezas que Aquel Nombre encierra para nosotros hoy día. Hoy el Nombre de Jesús es suyo y usted puede usarlo; así afirmó Jesús. Crea que El habló la verdad, y comience a usar Su Nombre en oración HOY MISMO.

Jesús está diciendo: Pide al Padre en Mi Nombre. Yo respaldaré la petición y el Padre te dará todo cuanto ha provisto. Cuando nos aprovechamos de nuestros privilegios y derechos en el nuevo pacto y oramos en el Nombre de Jesús, parece que la petición pasa de nuestras manos a las de Jesús. El, entonces, acepta la responsabilidad de suplir la necesidad, porque sabemos que El dijo: "Padre, gracias Te doy que me has oído. Que yo

sabía que siempre me oyes" (Juan 11:41-42).
En otras palabras, sabemos que el Padre siempre
oye a Jesús, y cuando oramos en el Nombre de
Jesús, es como si Cristo mismo estuviera orando;
El asume nuestro lugar; el Padre nos envía la
respuesta y nos regocijamos.

Por la Palabra que nos dió Cristo tenemos el
derecho de usar Su Nombre cuando hacemos
peticiones al Padre por alguna necesidad o deseo.
El Padre se complace en honrar nuestras peticiones y concederlas, cuando Le hablamos en el
Nombre de Jesús.

Si usted necesita la curación, PIDALA al Padre
en el Nombre de Jesús; crea que El le oye y en
verdad verá cómo su enfermedad desaparecerá.
¿Por qué? Aquí tiene Ud. la respuesta: "Esta es
la confianza que tenemos en El, que si pedimos
alguna cosa conforme a Su voluntad, El nos oye.
Y si sabemos que El nos oye en cualquiera cosa
que pidamos, sabemos que tenemos las peticiones que le hayamos hecho", (1 Juan 5:14-15).
No es difícil, ¿verdad? Pídale a El la salud y
recíbala en el Nombre precioso y poderoso de
Jesús. ¡Hágalo ahora y actúe! Su nombre es
efectivo AHORA; ¡puede invocarlo allí mismo
donde se encuentra!

Jesús nos dió permiso para usar Su Nombre en
la oración. "Todo lo que pidiereis al Padre en
Mi Nombre, esto haré, para que el Padre sea
glorificado en el Hijo. Si algo pidiereis en mi
nombre, yo lo haré" (Juan 14:13-14). También
se lee: "Hasta ahora nada habéis pedido en mi
nombre: pedid, y recibiréis, para que vuestro
gozo sea cumplido" (Juan 16:24). Cuánto
debemos alabarle por el derecho de usar Su

Nombre en la oración conforme a Juan 14:13, cuando pedimos algo *en Su Nombre* (es decir, en el Nombre de Jesús) *EL LO HARA.*

Jesús dijo al pueblo que había venido en el NOMBRE de Su Padre. Fue el representante de Su Padre en el mundo, hizo las obras de Su Padre, manifestó el amor de Su Padre, puso en acción la fe de Su Padre y aún habló las palabras de Su Padre; fue la revelación de Su Padre para la humanidad y dijo que había venido en el Nombre de Su Padre.

El Apóstol Pablo dijo: "Dios estaba EN CRISTO reconciliando consigo al mundo" (2 Co. 5:19). Cristo vino en el Nombre y con el poder de Su Padre; en sus manos fueron puestos todos los asuntos de Su Padre. En el Nombre de Su Padre hizo todas las obras que Su Padre hubiera hecho. Cuando El habló frases tan valientes e hizo amonestaciones tan grandes, los Escribas y Fariseos lo criticaron y dijeron que era culpable de blasfemia porque El se hacía igual a Dios; pero aunque Jesús no lo afimaba así, dijo: "Porque el Padre mayor es que yo" (Juan 14:28). El poseía el derecho LEGAL para hacer todo cuanto Dios el Padre habría hecho si El hubiera estado en la tierra en lugar de Cristo.

Jesús representaba a Su Padre en todo. El actuaba en su lugar. El fue Su manifestación. El mundo podía darse cuenta del carácter del Padre viendo a Jesús, pues dijo: "El que me ha visto, ha visto al Padre" (Juan 14:9). Lea este tema con un poquito más detenimiento para que le sea de gran ayuda.

Al venir en EL NOMBRE DE SU PADRE,

Jesús hizo las obras DE Su Padre, manifestando
los milagros gloriosos de El y manifestando con
éxito al mundo LA VOLUNTAD DE SU PA-
DRE. "Heme aquí para que haga, oh Dios, Tu
voluntad" (He. 10:9). El dió el mandamiento a
Sus discípulos y a TODOS LOS CREYENTES:
"Id por todo el mundo; predicad el evangelio a
toda criatura", diciendo: "Estas señales SEGUI-
RAN A LOS QUE CREYEREN: *EN MI NOM-
BRE echarán* fuera demonios . . . sobre los enfermos *pondrán* sus manos y sanarán (los enfermos)" (Marcos 16:15-18).

El Padre le dió AUTORIDAD y PODER a Su
HIJO, Jesucristo, al autorizarle hablar Sus palabras y actuar en Su Nombre. Jesús demostró
dicha autoridad delante del mundo por tres años
y medio, y entregó a Sus seguidores ESTA MIS-
MA AUTORIDAD Y PODER antes de partir
de este mundo para estar con Su Padre. Les
informó que siempre tendrían todo poder y
toda autoridad, pero que les sería menester
siempre ACTUAR REPRESENTATIVAMENTE;
es decir, EN SU NOMBRE, como El había
actuado en representación del Nombre de Su
Padre, asegurándoles que "nada os será imposible" (Mateo 17:20).

Acuérdese de la gran oración de Jesús por
nosotros registrada en el capítulo 16 de San
Juan. Dice así: "Como tú me enviaste al mundo,
TAMBIEN LOS he enviado al mundo" (verso
18). Ahora nosotros hemos sido ordenados para
representar a Cristo en esta vida del mismo
modo que Cristo representó al Padre en la tierra.
Debemos hacer las obras de Jesús, ya que estamos aquí para manifestar Su fe, Su amor y también para hablar Las PALABRAS del Padre

que El (es decir, Cristo) nos dió (Juan 17:7, 14);
además, somos ordenados para REPRESENTAR
A CRISTO en todas las fases de este mundo,
exactamente como El, nuestro Hermano Mayor,
representó al Padre en el mundo.

Jesús nos mostró el diseño que El Padre tiene
para EL HIJO. Fue El el "Hijo modelo", mas
ahora Pablo afirma: "Por cuanto SOIS HIJOS,
Dios envió el Espíritu de Su HIJO (Jesús) EN
VUESTROS CORAZONES . . . así que ya no
eres más siervo, sino HIJO" (Gá. 4:6-7). Ahora
podemos hacer el papel de "Hijos de Dios".
Podemos tomar nuestro puesto haciendo las
obras autorizadas de "embajadores en nombre
de Cristo" (2 Co. 5:20) como los Apóstoles de
aquellos tiempos y algunos de hoy día han
hecho y están haciendo. ¡Bendito privilegio!
el de ser HIJO de Dios y por el hecho de ser
HIJO, ser "también HEREDERO DE DIOS
por Cristo" (Gá. 4:7).

Por supuesto, cuando una persona acepta este
encargo, será acusada, como lo fue Jesucristo,
de hacerse igual a Dios. Un hermano creyente
que se dió cuenta de este gran privilegio en el
Evangelio, y quien se atrevió a declararlo, fue
acusado de esta manera: "Usted se hace igual
a Cristo"; y replicó con mucha sabiduría a dicha
acusación: "No, yo no me hago igual a Cristo.
El me hace igual a El . . . y yo le permito hacerlo".

Por supuesto, cuando hablamos de este encargo
con su autoridad y poder, debemos observar
con mucho cuidado y siempre tener presente
lo que dijo Jesús: "No puedo yo de mí mismo
hacer nada" (Juan 5:19,30), y también, "sin mí

nada podéis hacer" (Juan 15:5). El Padre es
mayor que el "primogénito" (Ro. 8:29; 1 Co.
5:22-28), y el "primogénito" (Ro. 8:29; He.
1:6) es mayor que sus "hermanos" (He. 2:7-11);
por eso dice Pablo "que Cristo es la cabeza de
todo varón, y Dios la cabeza de Cristo" (1 Co.
11:3). Pero es igual con nosotros, porque como
Jesús, nuestro Hermano Mayor, fue el representante y agente visible en este mundo de Su Padre
que está en los cielos, así somos nosotros los que
debemos en este mundo ser los agentes y representantes visibles de nuestro Hermano Mayor,
quien ha vuelto al cielo y que se encuentra ahora
sentado a la diestra de Dios el Padre.

Cuando Pedro le DIJO al paralítico: "En el
nombre de Jesucristo de Nazaret, levántate y
anda", EL ACTUABA EN EL NOMBRE DE
JESUCRISTO. Cuando nosotros HABLAMOS
CON FE *en el Nombre de Jesús* a los enfermos,
a los cojos, y a los afligidos, y cuando en verdad
creemos que nuestras palabras SERAN CUMPLI-
DAS (Marcos 11:23), es como si Jesús mismo
hablara; y cuando Jesús pronuncia las palabras,
sabiendo que El es el único Mediador entre Dios
y el hombre (1 Ti. 2:5), es como si hablara
Dios el Padre; por eso SE CUMPLEN.

Escuche a Pablo, quien nos habla de . . .

La Autoridad del Nombre de Jesús

"Por lo cual Dios también le exaltó hasta lo
sumo, y le dio un nombre que es sobre todo
nombre, para que en el nombre de Jesús se doble
toda rodilla de los que están en los cielos (los
ángeles), y en la tierra (los hombres), y debajo
de la tierra (los demonios)" (Fil. 2:9-10). Todos
los seres en los tres mundos están obligados a

doblar las rodillas delante del NOMBRE que es el más predominante y todopoderoso; Jesús dijo que *en Su Nombre* seríamos capacitados de hacer todas las obras que El hizo; siendo sus palabras exactas: "El que en mí cree, las obras que yo hago, él las hará también; y aun *mayores* hará, porque yo voy al Padre" (Juan 14:12). ¡Qué poder más grande tenemos a nuestra disposición cuando creemos esto y ACTUAMOS CON ESTA AUTORIDAD!

Embajadores con Autoridad

Según el capítulo cuarenta y cuatro del libro de Isaías, Dios confirmará las palabras de Sus siervos. "Yo Jehová . . . *que despierta (o "confirma"* en el texto original) *la palabra de SU SIERVO*" (versos 24-26) Dios dió a entender Su voluntad que la cumplirá. EL CONFIRMARA MIS PALABRAS y *las suyas* cuando las hablamos con FE. Somos Sus embajadores.

Pablo dice: "Somos *embajadores* en nombre de Cristo" (2 Co. 5:20). Un embajador tiene la plena seguridad de que el país que representa respaldará su palabra y sabe que la cumplirá, ya que su título así lo demanda. Se espera que actuemos *representativamente* "en nombre de Cristo" (2 Co. 5:20).

Hijos . . . Ya No Siervos

Si yo he de actuar en el nombre de Cristo, entonces he de esperar que el Padre me trate como trata a Su Primogénito. Según el capítulo cuatro de la Epístola a los Gálatas, El me ha adoptado y me ha hecho Su hijo . . . aún un co-heredero con Jesús. Si estas Escrituras dan a entender la voluntad de Dios, entonces nuestro Padre Celestial hará que nuestras PALABRAS

actúen CON PODER cuando creemos de todo
corazón que se cumplirán, tal como El hizo en
Jesucristo, su PRIMOGENITO. ¿Crees tú esto?".
"Al que cree, todo es posible".

Co-herencia

Pablo dice: "Así que ya no eres más siervo,
sino HIJO; y si HIJO, también HEREDERO DE
DIOS por Cristo" (Gá. 4:7). En la Epístola a
los Romanos, lo explica más claro y con más
fuerza: "Y si hijos, también HEREDEROS;
herederos de Dios, y CO-HEREDEROS DE
CRISTO" (Romanos 8:17). Por esta razón,
Jesús hizo todo lo posible para explicar esta
verdad a Sus discípulos, quienes "estaban sordos
a Su Palabra" cuando dijo: "El que en mí cree,
las obras que yo hago, también él las hará; y
mayores que estas hará; porque yo voy al Padre"
(Juan 14:12).

Si acontece que dos personas llegan a ser "co-
herederos" de mil pesos, esto no quiere decir
que cada uno recibirá quinientos pesos, sino que
los dos se hacen herederos de mil pesos . . . es
decir de LOS MISMOS MIL PESOS. Esto es lo
que se llama co-herencia.

Nos hemos hecho "co-herederos" *del mismo
poder que poseía Jesús,* hemos sido adoptados
como HIJOS y somos herederos de Dios, como
Jesús lo fue; además tenemos este maravilloso
privilegio por intermedio de El. Es por la FE que
reclamamos esta maravillosa herencia y tenemos
su derecho legal. Cada uno de nosotros debe
aceptar el puesto como HIJO de Dios, como un
HEREDERO de Dios y con este poder prometido en el evangelio según San Juan 14:12,
marchar adelante para tomar nuestra autoridad

*actuando representativamente en el nombre de
Jesús,* dando al mundo las bendiciones prometidas por Nuestro Eterno Padre Celestial.

Echando Fuera Demonios

Notemos el poder de la Palabra de Dios en lo que se refiere a los poderes de demonios. Según San Mateo 8:16, "Con la palabra (Jésus) echó fuera a los demonios". El reprendió un espíritu inmundo, diciendo: "Espíritu mudo y sordo, yo te mando, sal de él" (Marcos 9:25).

El se encontró con un hombre que tenía espíritus inmundos, que vivía en las tumbas, que gritaba y se cortaba con piedras, y le dijo al demonio:"Sal de este hombre, espíritu inmundo" (Marcos 5:8).

Cuando Jesús volvió al Padre, no llevó esa autoridad al cielo para guardarla allí escondida del mundo, sino trasladó esa AUTORIDAD Y PODER A TODO CREYENTE que actuara representativamente en Su NOMBRE . . . aquel gran Nombre que El había recibido de Su Padre (Fil. 2:9), el cual es JESUS. El dijo que "En MI NOMBRE echarán fuera demonios . . . sobre los enfermos pondrán sus manos, y sanarán (a los enfermos)" (San Marcos 16:17-18).

Esta profecía se hizo realidad en los Hechos 16:18: "Mas desagradando a Pablo, éste se volvió y dijo al espíritu: Te mando en el nombre de JESUCRISTO, que salgas de ella. Y salió en aquella misma hora".

Demonios Hoy

Uno de los más grandes personajes de la iglesia

primitiva escribió que jamás vendría un gran avivamiento religioso en toda la tierra a menos que la Iglesia y sus miembros primeramente aprendieran a discernir a los demonios y E-CHARLOS FUERA. Los espíritus malos son una realidad hoy día como en los días bíblicos, a pesar de las opiniones modernas que los describen como "ilusiones".

Nos hemos enterado de algunos nombres muy bonitos que se les ha dado, pero de todos modos siguen siendo *demonios*. La enfermedad que tenía la mujer de que habla San Lucas 13:11-13, la pudiéramos llamar: *artritis*, pero Jesús la llamó "SATANAS". Hoy se podría decir que una hija es *malcriada* y a veces *completamente fuera de control;* o quizás se podría hablar igual de una muchacha que por cualquier cosa que le desagrada, se pone espasmódica, pero la madre, en Mateo 15:22 dijo: "Mi hija es gravemente atormentada por un *demonio*".

Jesús nos ha dicho con palabras claras que El nos ha dado "poder y potestad sobre TODOS LOS DEMONIOS, y para sanar enfermedades". (Lucas 9:1). Aunque muchos han escogido la forma ritualista de la adoración ceremonial que está agotada y tibia, yo escojo la manera bíblica, creyendo de todo corazón que "Jesucristo es el mismo ayer, y hoy, y por los siglos" (Hebreos 13:8).

Campaña de Sanidad Divina en Portland, Oregon

Cuando entré en el Coliseo de la ciudad de Portland, Oregon, en el noroeste de los Estados Unidos, vi a siete mil personas asistentes, y fue testigo del poder de Dios que se manifestaba por el Nombre de Jesús ante ese enorme auditorio; vi a los sordos oir, y a los mudos hablar, me dí cuenta exacta de que el Evangelio todavía tiene completa eficacia; y por eso, hice un pacto con mi Padre Celestial que desde ese día en adelante predicaría la Biblia tal como es, y ACTUARIA CONFORME A SUS MANDATOS. Así lo he hecho y he tenido el placer de probar miles de veces desde entonces que "Jesucristo *es EL MISMO AYER, Y HOY, Y POR LOS SIGLOS*".

Muchos otros creyentes en todas partes del mundo están probando que las PALABRAS de Jesús fueron verdaderas cuando El dijo: "Estas señales seguirán a LOS QUE CREYEREN" (San Marcos 16:17). Jesús nunca insinuó, ni ningún otro escritor bíblico ha dicho que el PODER cesaría algún día, o que sólo era para la época apostólica.

Nótese las palabras: "Ellos (los discípulos) saliendo, predicaron en todas partes, OBRANDO CON ELLOS EL SEÑOR y confirmando LA PALABRA con las SEÑALES que se seguían" (San Marcos 16:20).

La iglesia SIEMPRE se ha identificado con los milagros y las señales, cuando ha estado actuando conforme a la voluntad de Dios, y HOY no hay ninguna excepción.

"He Aquí, Yo Estoy con Vosotros Todos los Días"

Jesús dijo: "Estas señales seguirán a los que creyeren", y San Marcos no sólo nos informa que El obró con aquellos once discípulos cuando "salieron a predicar"; sino, también San Mateo registra las palabras de Jesús que dicen: *"HE AQUI YO ESTOY CON VOSOTROS TODOS*

LOS DIAS, hasta el fin del mundo" (Mt. 28:20).

Jesús no dijo que *solamente durante* la vida de aquellos once fieles seguidores El confirmaría LA PALABRA con las señales que se seguirían; ni tampoco dijo que los milagros y las señales serían hechos *solamente por los apóstoles de la iglesia primitiva,* sino que ¡gracias a Dios! El dijo que estas señales y prodigios, y el poder para echar fuera a los demonios en Su Nombre y sanar a todos de las enfermedades, aflicciones y dolencias *acompañaría la verdadera predicación del Evangelio del REINO "HASTA EL FIN DEL MUNDO".*

Tenemos el derecho bíblico de esperar SEÑA- LES Y MILAGROS aún "hasta el fin del mundo". El fin del mundo no ha llegado todavía; así pues, según las mismas palabras de Jesucristo, tampoco ha cesado el día de los milagros y señales sobrenaturales.

Dios siempre ha sido el Dios de señales y prodigios sobrenaturales: El dijo: "Porque yo Jehová, NO CAMBIO" (Malaquías 3:6). El siempre ha sanado a los enfermos y los sana hoy día. "Jesucristo es el *mismo* ayer, y hoy, y por los siglos" (Hebreos 13:8).

6

EL DESAFIO DE LOS DEMONIOS

Primera Parte: Introducción por la Sra. Osborn

El primer sermón que jamás había oído tocante
a la Curación Divina fue "¿de dónde provienen
las enfermedades?" predicado por un evangelista
en Portland, Oregon, en noviembre de 1947.
Fui a casa y lo conté todo a mi esposo. Nunca
podré decirles lo que este mensaje hizo para
nosotros y el efecto que ha tenido sobre nuestras vidas.

En aquel mensaje, el Evangelista nos demostró
con claridad por la Palabra de Dios, que *satanás*
fue el autor de las enfermedades, dolencias y
aflicciones, y que Dios fue el autor de la vida y
salud. Hasta aquel entonces, nunca había oído
decir yo que satanás fue la causa de mis enfermedades sino que siempre me suponía de acuerdo con lo que me habían enseñado, que Dios las
había puesto sobre mí para algún propósito mis-
terioso. Mas cuando oí que las enfermedades
provienen del diablo, inmediatamente me
determiné a resistir las enfermedades y dolencias como resistiría al mismo diablo. Aborrecí
a satanás y su poder, y de seguro, no quería

sufrir más sus obras nefastas en mi cuerpo.

El predicador prosiguió demostrándonos que
nuestra autoridad sobre el diablo, y sobre sus
obras, la ejercemos en el Nombre de Jesucristo. Cuando él terminó el sermón, me sentí
como una conquistadora. Cambió mi vida, y
desde entonces he sido diferente.

Miles de personas que han asistido a nuestras
campañas han oído al Hno. Osborn amenudo
mandar a los espíritus malos de las enfermedades en los cuerpos de los sufridos que salgan.
Le han oído mandar salir a los demonios de la
ceguera, la sordera, la mudez; le han oído mandar a que salgan de los cuerpos de la gente enferma. Muchos de los que han asistido solamente
a un servicio, han salido confusos; preguntándo-
se qué significaba todo eso; cuando, si hubieran
quedado más tiempo en los servicios, todo se
hubiera aclarado completamente.

Un notable lider espiritual dijo una vez: "Ningún
gran despertamiento religioso ha venido jamás a
ninguna nación hasta que primeramente la iglesia haya aprendido cómo discernir a los demonios y echarlos fuera".

Es para este fin que he persuadido a mi esposo
que escribiera el mensaje siguiente para que
usted, querido Lector, tenga una comprensión
clara de las obras de los espíritus malos hoy
día, y para que pueda resistirlos, discernirlos y
echarlos fuera en el Nombre maravilloso de
Jesús.

Ahora, al leer esto, hágalo con el corazón abierto; compare Ud. cuidadosamente lo que dice

mos la misma recompensa.

A los que dicen: "Yo no sé si Dios quiere sanar a todos o no", yo les digo: ¿de qué otro modo puede Dios PROBAR SU VOLUNTAD, si no es en que nos ama y desea librarnos, porque DIO A SU HIJO UNIGENITO para que todo aquel que cree, no se pierda . . . La gente que busca recibir una revelación especial por el Espíritu para así probar la voluntad de Dios para ellos, están rehusando aceptar la escena del CALVARIO como evidencia palpable del AMOR eterno de Dios hacia ellos.

4. Que la Oración por los Enfermos y los que Sufren Debe Siempre Incluir la Frase "Si Tú Quieres".

Al mostrar que esta propagada TRADICION no es bíblica, quisiera hacerle una sencilla y simple pregunta primeramente: ¿Dónde se halló tal idea como ésta: que no sería la voluntad de Dios sanar a todos los enfermos? Ciertamente esa teoría no puede hallar base en las Sagradas Escrituras. ¿A caso dijo Jesús alguna vez: "Si Tu quieres, Padre"? ¡Nunca! ¿A caso alguno de los apóstoles cuando ministraban a los enfermos en alguna ocasión añadieron la frase: "SI TU QUIERES, PADRE?". ¡Ninguno!

Sería muy bíblico enseñarles a los inconversos, a los atados por el pecado, a quienes se arrodillan para recibir salvación: "Si Dios quiere"? Esa frase sería un insulto directo a la escena del Calvario, la cual fue la mayor prueba de que Dios *anhela* y desea salvar al mundo del pecado. El mostró su voluntad en este asunto al dar a SU HIJO CRISTO JESUS para morir por el mundo. Aún así El mostró Su voluntad hacia nuestras enfermedades, al permitir que SU HIJO sufriera los cruentos dolores de aquel cruel azote romano, por cuyas HERIDAS FUIMOS CURADOS (1 Pedro 2:24).

La Iglesia Episcopal tiene registrado que se ha declarado: "Que desde el momento que Cristo fue hecho la revelación directa de la voluntad del Padre hacia el hombre, y como El anduvo sanando a *todos* los enfermos, la Iglesia no orará por los enfermos con esa FRASE DESTRUYENTE DE LA FE: 'si Tu quieres'".

A muchas personas al preguntarles si creen que Dios desea sanarles, nos responden que no saben. Siempre les preguntamos: "¿Desea Dios cumplir Sus promesas? Y se quedan sin lugar a dudar, seguros siempre que Dios guardará Su promesa: sin embargo, es evidente que los tales no han leído la Palabra de Dios suficientemente para descubrir que Dios ha convenido, esto es, que ha hecho un compromiso de sanar a *todos* los que vengan a El creyendo. Entonces decimos: Cuando Dios dijo: "Yo soy Jehová *tu* Sanador" (Ex. 15:26), el "TU" incluye a usted. Créalo y será sano".

La fe sencilla no es ni más ni menos que creer que Dios hará exactamente lo que El en Su Palabra ha dicho que haría. Por eso la fe es por el oir, y el oir por la Palabra de Dios" (Ro. 10:17). Investigue lo que Dios ha prometido. Entonces la fe es meramente el creer que Dios cumplirá Sus promesas.

Un hábil escritor dice que el modo que Dios usa para tratar con Sus hijos es: darles en la Biblia una promesa definitiva y entonces cumplir esa promesa cuando y dondequiera se produzca fe.

El único caso registrado en el Nuevo Testamento en el cual alguien se maravillaba de que Jesús quería sanarle, fue el leproso que añadió aquella frase de poca fe a su súplica para la sanidad: "SI QUIERES puedes sanarme" (Mr. 1:40), a quien Jesús movido de "COMPASION", respondió al instante: "QUIERO, sé limpio" (versículo 41). El "QUIERO" de Jesús canceló por completo el dicho *"si* tu quieres" de aquel leproso, y no tan sólo el dicho de él, sino también el de cualquier otro en este mundo que añadaría a su súplica por sanidad, el dicho de *"si* Tu quieres".

Es imposible pedir con fe sólida que sea curado mientras haya un *"si* Tu quieres" incluido en la oración. DIOS DESEA SANAR A TODOS los que vengan a El aceptando el sacrificio de Su Hijo Jesús por sus pecados y enfermedades.

5. Que Podemos Traer Mayor Gloria a Dios Permaneciendo en Nuestras Enfermedades Que lo que Podemos Traerle Siendo Divinamente Sanados por Su Poder.

Al contestar esta TRADICION que no es bíblica, quisiera citarle el incidente de una dama que estaba moribunda de cáncer. Su único hijo no era salvo, y ella pensó que quizás Dios sería glorificado a través de su enfermedad y salvaría a su hijo. El hermano R.T. Richey contestó: "Bien, pidámosle a Dios que le de tres cánceres más, y para que tres más de sus hijos sean salvos". Esto causó que la dama viera como satanás le había mentido; oraron por su curación. El cáncer fue curado y el hijo fue salvado. Cuando

le preguntaron al hijo que le había causado
rendirse a Jesús, él contestó que "no era el
cáncer, sino el poder sanador de Dios".

No, Dios no es glorificado a través de las enfermedades que permanecen en usted. Dios es glorificado cuando miramos a Su Hijo, Nuestro Sustituto y Redentor, y somos curados por Su poder. Comunidades enteras se han vuelto a Jehová
a través del milagroso poder de Dios, mientras
hay muy pocos, si haya caso alguno, que se han
vuelto a El a través de las enfermedades alo-
jadas en los cuerpos de los hijos de Dios. El hno.
F.F. Bosworth dice: "Un ministro sincero, pero
no era iluminado, a menudo se hincaba al lado
del lecho de algún enfermo sufriendo de artritis
o cáncer o cualquier otra enfermedad peligrosa,
y oraba así: "Señor, siendo que en Tu providen-
cia amorosa, Tu has visto apropiado en herir con
Tu mano y así afligir a nuestra querida hermana,
dále fortaleza y paciencia para sorportar esta
aflicción". Esto él hacía en vez de obedecer el
sencillo mandamiento de *ungir* "cualquiera que
esté enfermo" en la iglesia y hacer la oración de
fe para su curación (Santiago 5:14), el método
que Juan Wesley dijo ser el único proceso para
sanarse en la iglesia hasta que este método de
curarse se perdió por la incredulidad.

"Si la teología moderna de esos que enseñan que
Dios desea que algunos de Sus adoradores per-
manezcan enfermos para Su gloria, es cierta,
entonces Jesús durante Su ministerio terrenal,
nunca vaciló en usurpar toda la gloria del Padre
que necesitaba para sanar a todos los enfermos
en las calles de Jerusalén. Y Pablo también,
usurpó todo el poder necesario al sanar a todos
los enfermos en la isla de Melita".

"Muchos sostienen que hoy día Dios aflije aún a los obedientes porque les ama, así, haciendo las enfermedades regalos de amor de Nuestro Padre Celestial. Si esto fuera cierto ¿por qué los que sufren de cáncer no piden por un instante tal bendición para sí mismos y también que Dios les bendiga a su esposa, a sus hijos, a su padre, a su madre y a sus vecinos con cánceres?

Dios llamó a las enfermedades "MALDICIO-NES" (Dt. 28:15-22); Jesús las llamó "LIGA-DURA" (Lc. 13:12, 16); y el Espíritu Santo las llamó "OPRESIONES" (Hechos 10:38). Ninguna clase de las enfermedades es una "Bendición", ni "un regalo de amor", ni un acto para "producir la paciencia". Las enfermedades son "MALDICIONES". La "maldición" pertenece a la LEY. Nosotros los que somos comprados con precio somos "REDIMIDOS DE LA MALDI-CION DE LA LEY" (Gá. 3:13). La enfermedad es un "intruso", un "impostor", un "enemigo" y un "adversario". Nunca es una bendición o un regalo de amor.

6. Que el "Aguijón en la Carne de Pablo" (2 Co. 12:7-10), Eran Sus Ojos Inflamados, o Cualquier Otra Clase de Enfermedad Física.

En varias ocasiones, muy a menudo, he oído personas basarse en el aguijón en la carne de Pablo, para no creer en la curación divina. Ellos dicen: "Bien, vea usted, Pablo tenía un aguijón en la carne, el cual era sus ojos inflamados o cualquier otra enfermedad. El oró tres veces por su curación y Dios no lo sanó; por lo tanto, es evidente que algunas aflicciones son ordenadas por el Señor para nuestra disciplina". Si estas declaraciones fueran ciertas, sería un gran argumento contra la sanidad. Lanzaría todo el asunto de la sanidad divina al terreno de la especulación o coincidencia. Eliminaría toda la autoridad referente a la liberación de las enfermedades, y daría ímpetu para establecerse en la creencia de que Dios y satanás se conciertan en una alianza para mantener al hombre en una condición de atadura. Dios no emplea a satanás en este gran trabajo de redención. Ni tampoco aflije al hombre para traerle a Si Mismo, al contrario, la *bondad de Dios conduce al hombre al arrepentimiento"*.

Pablo había recibido visiones y revelaciones en una de las cuales fue transportado al cielo. Por tanto, él dijo: "Y para que la grandeza de las revelaciones no me exaltase desmedidamente, me fue dado un aguijón en mi carne, *un mensajero de satanás* que me abofetee, para que no me enaltezca sobremanera" (2 Co. 12:7).

No importa cual fuera el aguijón, nadie puede de repente reclamar el haberlo tenido en su carne a MENOS QUE TAMBIEN HAYA TENIDO GRANDES REVELACIONES. Este hecho en sí excluiría la mayoría de personas que se consuelan a sí mismos diciendo, "tal vez es la voluntad de Dios que esté enfermo, y éste será su método que usará conmigo para que yo sea un cristiano mejor". Si Dios pudiera traer a los hombres en armonía con El por tales métodos, entonces ¿por qué no va a los lugares de perdición y clandestinos para afligir a los desilusionados y perversos para traerlos todos a Sí Mismo? Algunos de los más grandes pecadores que he conocido gozan de la mejor salud. Dios desea que ellos sean salvos como los demá'

Una vez conocí a un ciego que no permitió que orara para ser librado de su ceguera alegando así: "Dios permitió que yo sea ciego para que sea un cristiano mejor". Insistía que si le devolviera la vista, sin duda volvería al pecado. No se daba cuenta de que estaba cometiendo el peor de todos los pecados . . . ¡el pecado de la incredulidad!

Muchos de los que alegan que este aguijón era una aflicción en los ojos, serían los primeros en consultar al médico si a ellos les tocara, o utilizarían medicinas para curarse si Dios desearía que ellos tuvieran tal aguijón.

En un sermón titulado "El Aguijón de Pablo", el hermano F.F. Bosworth presenta una lista de las Escrituras que muestran los bofetones en la vida de Pablo.

El dice "además de los vituperios, necesidades, persecuciones y angustias presentados en 2 Co. 12, él menciona en capítulo 6 de la misma Epístola "azotes, prisiones, trabajos, rebeliones, vigilias, ayunos, honra, deshonra, infamia y por buena fama, que sufrían como engañadores, mas hombres de verdad; como muriendo, mas he aquí que vivimos; como castigados, mas no muertos; como doloridos, mas siempre gozosos; como pobres, mas enriqueciendo a muchos; como no teniendo nada, mas poseyéndolo todo", y en el capítulo 11 "azotes sin medida; en prisiones más; en muerte muchas veces. De los judíos cinco veces he recibido cuarenta azotes menos uno; tres veces he sido azotado con varas; una vez apedreado; tres veces he padecido naufragio, una noche y un día he estado en lo profundo de la mar; en caminos muchas veces,

peligros de ríos, peligros de ladrones, peligros de
los de mi nación, peligros de los gentiles, peligros en la ciudad, peligros en el desierto, peligros
en la mar, peligros entre falsos hermanos; en
trabajo y fatiga, en muchas vigilias, en hambre
y sed, en muchos ayunos, en frío y en desnudez.
Amenazado . . . perseguido, difamado . . .
hecho como lo más vil de este mundo . . . y
además, lo que sobre mí se agolpa cada día".

*¿Quién sino el ángel de satanás puede ser respon-
sable por todos estos sufrimientos?".*

"Al enumerarlos vemos que Pablo menciona casi
todo lo que se pudiera imaginar MENOS LAS
ENFERMEDADES U OJOS INFLAMADOS. La
única cosa que él NO MENCIONA, y que está
visible por su ausencia, LA TRADICION lo establece como su 'aguijón'. ¿Por qué éstos que
opinan no sustituyen 'ojos inflamados' o 'enfermedades', ninguno de los cuales Pablo menciona entre todos estos bofetones que él MEN-
CIONA?".

La TRADICION de que el aguijón de Pablo era
alguna especie de enfermedad, ha sido inspirado
por satanás, porque es una gran falsedad la cual
él usa para llevar a cabo su trabajo maligno de
atar y cargar a los hombres y mujeres con enfermedades, dolores e incapacidades físicas, hacién-
doles creer su mentira: que es la voluntad de
Dios que ellos tengan un "aguijón en su carne"
como el de Pablo . . . la enfermedad(?).

Nótese cuidadosamente NUMEROS 33:51-55.
Aquí se menciona el "aguijón en sus ojos" y
"espinas en sus costados"; ¿por qué no nos han
enseñado los ANCIANOS DE LA TRADICION

que los "aguijones" y "espinas" eran una especie de 'ojos inflamados' o cualquier otra 'enfermedad física?'".

LEASE JOSUE 23:11-13. Ni aún en este caso son "los azotes en vuestros costados" o "las espinas en vuestros ojos" alguna enfermedad o incapacidad física. Pablo había leído y estudiado estas mismas Escrituras y reconoció los bofetones de satanás y por eso utilizó el mismo símbolo que se encuentra en estas Escrituras "el aguijón en la carne".

7. Que la Epoca de Curas Milagrosas Ya Pasó. Que la Sanidad Divina fue para los Días de Jesucristo y sus Apóstoles, y no para la Iglesia de Hoy Día.

Esta es una tradición antigua, pero por no tener su base en las Escrituras, es tan falsa como antigua. Los que creen y enseñan así, jamás deberían predicar a nadie acerca de la *oración*. El orar al Padre Celestial es prueba sólida que creemos en milagros. No oramos por aquellas cosas que podemos lograr nosotros mismos. Pedimos que Dios haga aquello que no podemos hacer, de otra manera, no oraríamos sino que ACTUARIAMOS.

El creer que Dios, a quien no vemos, oirá nuestra oración, es en sí un milagro. Desde el momento que creemos en milagros, eso es en algo fuera de lo terrenal y lo natural, ¿dónde está el límite de lo que Dios puede hacer? ¿Dónde pues, están las ligaduras? ¿Cuál es la limitación de Dios?

Siempre y cuando que oramos a Dios que no le vemos, creyendo que nos contestará nuestras plegarias, ya estamos creyendo en algo milagroso, y basta que creamos en lo milagroso para que Dios obre, porque no hay límite de lo que Dios puede hacer. Entonces, ¿por qué no podemos creer que Dios puede sanar un cuerpo humano que Dios formó en primer lugar, del polvo de la tierra?''.

En vista de que "Jesucristo es el mismo ayer, y hoy, y por todos los siglos", ¿cómo se puede creer jamás que haya pasado la época de milagros y curaciones divinas? Al considerar la declaración hecha por el Mismo Cristo, "El que en MI cree, las obras que yo hago, él las hará también; y aun mayores hará" (Juan 14:12). ¿Qué base tiene para creer que la época de las curaciones divinas se haya pasado? Ninguna . . . sino la base dada por las TRADICIONES DE LOS ANCIANOS.

Cuando Jesús dió la gran comisión a Sus discípulos, El les dijo: "(vuestros convertidos) pondrán manos sobre los enfermos, y sanarán" (Marcos 16:18).

Sería bueno si los ANCIANOS que enseñan que la época de las curaciones divinas ha pasado, escudriñen cuidadosamente el pasaje de Marcos 16:16: "El que creyere y fuere bautizado será salvo" y el versículo 18: "sobre los enfermos pondrán sus manos, y sanarán". Si la época de la sanidad divina ha pasado, entonces ¿por qué no ha pasado la época del bautismo en agua y no ha PASADO también la época de creer en el Señor Jesucristo como su Salvador?

Os declaro enfáticamente que, siendo que el *"creer y ser bautizado" DEBE SER PREDICA-DO Y EJECUTADO, el "poner las manos sobre los enfermos*'' para que sanen *DEBE SER PREDICADO Y EJECUTADO* de igual manera. La sanidad divina para el cuerpo está muy lejos de ser lo que algunos han llamado: 'Algo secundario'. Es *parte íntegra* del Evangelio. La curación divina figuró más en el ministerio de Jesús que el perdonar los pecados, y fue lo mismo en el ministerio de los apóstoles; y en cuanto a mí, prefiero amoldar mi ministerio al del Señor Jesús y de Sus apóstoles que al modo de los que siguen la TRADICION DE LOS ANCIANOS.

Cada vez que Jesús enviaba a alguien a predicar el Evangelio del Reino, *El les encomendaba que sanasen los enfermos y echasen fuera los demonios en Su Nombre.* Esta comisión está en efecto todavía, y lo estará hasta el *fin* de este mundo y el *fin* de esta época del evangelio (Mt. 28:20).

10

TREINTA PREGUNTAS

1. Si la sanidad del cuerpo *no* formaba parte de las obras de redención de Cristo, ¿por qué se mencionan por todo el Antiguo Testamento los tipos de Expiación relacionados con la *sanidad?*

2. Si la sanidad *no entra en la Expiación*, ¿por qué se les exigió a los Israelitas, al morirse, mirar el tipo de la Expiación para la sanidad corporal? Si lograron tanto el perdón como la sanidad mirando el símbolo, ¿por qué no surtió efecto también el anti-símbolo?

3. Puesto que se les quitó la maldición por el acto de levantar el símbolo de Cristo, ¿no se nos quitó también la *maldición de las enfermedades* por el acto de levantar al *mismo* Cristo crucificado? (Gálatas 3:13).

4. Si la sanidad del cuerpo ha de ordenarse *independiente* del Calvario, como lo enseñan algunos, ¿cómo pasó que no había de anunciarse ninguna bendición del Año de Jubileo, sonando la trompeta, hasta el Día de la *Expiación?*

fue librada maravillosamente de los demonios.

3. Los Demonios se Resisten a Rendirse

El capítulo 8 de San Mateo, el capítulo 5 de San Marcos, y el capítulo 8 de San Lucas describen la escena de Jesús echando fuera la legión de demonios de dos lunáticos.

El contenido de estas Escrituras revelan lo siguiente:

Primera: Los demonios hasta fingían adorar a Cristo (Marcos 5:6), evidentemente buscando un modo de evitar que el Señor fuera demasiado severo con ellos.

Segunda: Jesús les mandó que saliesen del hombre. (Lucas 8:29, Marcos 5:8).

Tercera: Los demonios le rogaron que no les atormentara (Marcos 5:7, Lucas 8:28), pero cuando el mandato no fue retractado, los demonios se pusieron más temerosos.

Cuarta: Cristo les preguntó: "¿Cómo se llama?" (Marcos 5:9, Lucas 8:30).

Quinta: Los demonios respondieron: "Me llamo Legión, porque somos muchos" (Marcos 5:9).

Sexta: Cuando Jesús insistía que se saliesen, los demonios horrorizados por ser echados fuera de su habitación en el cuerpo del hombre, "le rogaban *mucho* que no les enviase fuera de aquella provincia" (Marcos 5:10). (Es tormento a los demonios ser echados fuera, estar sin tener posesión de un cuerpo por el cual pueden hallar expresión. Un día Jesús dijo: "Cuando el espíritu inmundo ha salido del hombre, anda por lugares secos, buscando reposo, y *no lo halla*" (Mateo 12:43). Pueden estar satisfechos solamente expresando sus horribles poderes destructivos en la posesión de algún cuerpo y vida humana).

Entonces, la legión de demonios que había poseído a los maníaticos, procuraron regatear aún más. Como fueron obligados a salir de su posesión *humana*, la habitación de segunda importancia sería el hato de cerdos que estaba paciendo cerca. "Y le rogaron todos los demonios, diciendo: Envíanos a los cerdos para que entremos en ellos" (Marcos 5:12).

Séptima: "Y luego Jesús les dio permiso. Y saliendo aquellos espíritus inmundos, entraron en los cerdos, los cuales eran como dos mil; y el hato se precipitó en el mar por un despeñadero, y en el mar se ahogaron" (Marcos 5:13).

Así es que se puede ver cómo los demonios se RESIENTEN DE RENDIR su lugar de posesión, sin embargo, como *tienen que* rendirse a la autoridad de los siervos de Dios; porque Cristo nos ha dicho: "os doy potestad sobre *toda* fuerza del enemigo", "en Mi Nombre *echarán* fuera demonios".

El Caso de la Locura

Trajeron a una mujer a la fila para la oración. Estaba loca, poseída de demonios. Yo le hablé con ternura, diciendo: "Agache la cabeza, por favor".

La mujer respondió duramente, con los ojos airados: "Nosotros no inclinamos nuestras cabezas".

Esto me sorprendió, y supe que estaba cara a cara con unos demonios que se atrevían a desafiar a la autoridad que Cristo me había dado. Dije como mandato: "Sí, inclinarán sus cabezas, y enmudecerán mientras oro".

Los demonios, otra vez, me hablaron desafiándome: "No oramos y no inclinamos nuestras cabezas".

Esto me alarmó, y el Espíritu Santo, que nos ha dado potestad para tales ocasiones (Hechos 1:8) se movía dentro de mí con toda fuerza y les dije: "Enmudezcan, y obedézcanme, porque les hablo en el Nombre de Jesús según la Palabra de Dios".

Los demonios entonces, temiendo, porque supieron que se habían encontrado con una potestad mayor que la suya, se propusieron regatear con estas palabras: "Nos enmudeceremos hoy, pero mañana hablaremos".

Entonces les mandé: "En el Nombre de Jesús, SALGAN DE ELLA AHORA". Los demonios me obedecieron. El semblante de la mujer se cambió, y fue librada gloriosamente.

4. Los Demonios Pueden Pedir Auxilio

Jesús enseñó una lección sumamente instructiva acerca de los demonios, en el capítulo 12 de San Mateo. Sus verdades han sido descartadas casi por completo en nuestros púlpitos hoy día, así también como otras enseñanzas bíblicas acerca de los demonios.

"Cuando el espíritu inmundo ha salido del hombre, anda por lugares secos, buscando reposo, y no lo halla. Entonces dice: "Me volveré a mi casa de donde salí: y cuando viene, la halla desocupada, barrida y adornada. Entonces va, y toma consigo otros siete espíritus peores que él, y entrados, moran allí; y el postrer estado de aquel hombre viene a ser peor que el primero" (Mateo 12:43-45).

Aquí tenemos evidencia clara de que es posible que los demonios que han sido echados fuera, entren otra vez en la misma persona de quien fueron echados.

En el caso mencionado arriba, los demonios fueron echados, pero la persona no había llenado su corazón de buenos sentimientos. Por eso, el demonio fue a llamar a otros espíritus, más malvados que él, y ellos entraron y moraron allí, y la última condición de aquel hombre era peor que al principio.

Verdaderamente, Jesús habló en tono de advertencia al paralítico que había sido curado, diciendo: "No peques más, porque no te venga alguna cosa *peor*" (Juan 5:14).

5. Los Demonios Pueden Entrar Solos o Con Otros

Ya hemos demostrado claramente que donde un demonio no puede ganar posesión de una persona, puede llamar a otros para que le ayuden, y aunque *uno* puede fallar, juntos es posible que logren su propósito.

Pero, que cada cristiano esté plenamente seguro de que, aunque satanás envíe a legiones de demonios para atacarnos, todos se retirarán en completa derrota y consternación, porque a nosotros se nos ha dado potestad y autoridad sobre TODOS los diablos, y porque está escrito: "Vendrá el enemigo como río, mas el espíritu de Jehová levantará bandera contra él" (Isaías 59:19).

La hija de la mujer siro-fenicia fue poseída por "*un* diablo". El diablo dejó a la muchacha cuando se empleó la fe.

María Magdalena fue poseída por *siete* demonios, mas todos salieron cuando Jesús les mandó que salieran.

El loco de las tumbas fue poseído por una "*legión*" de demonios, y ellos también, cada uno de ellos, obedecieron el mandato del Señor y salieron.

Que sea establecido por eso, que, aunque sea un demonio o mil demonios, TODOS TIENEN QUE obedecer al mandato del siervo de Dios, dado en el Nombre de Jesús.

El Caso de un Anciano

A un anciano le trajeron a la fila para la oración. Su familia dijo que tenía artritis, y que estaba mentalmente debilitado. Cuando se acercó a mí, nunca olvidaré cómo me sentí. Inmediatamente supe que el hombre era endemoniado. ¡Qué personalidad más extraña tenía! Antes de saber lo que estaba diciendo yo, puse mi mano sobre su frente y mandé: "Espíritus extraños, salgan de este hombre y déjenle".

Al principio, los parientes se sorprendieron de que yo había dicho que los diablos tenían posesión del anciano. Tan pronto como les mandé a los espíritus extraños que salieran del hombre, una voz contestó: "No saldremos, no saldremos".

Ante ésto, me indigné con los demonios que se atrevían a desobedecerme cuando sabían que *tenían que* hacer lo que dije. Les mandé otra vez: "Obedézcanme y salgan ahora, les ordeno en el *Nombre de Jesús*".

Inmediatamente la voz respondió en tono temeroso: "Muy bien, saldremos sí, saldremos". Entonces el anciano se sonrió, sus ojos se aclararon, y alzó una mano, mirándome directamente, y dijo en voz baja: ¡Oh! ¡Gloria al Señor, soy sanado! Sé que soy sanado". Fue completamente transformado en un segundo. La artritis había desaparecido, y la familia lloró de gozo.

6. Los Demonios Saben y Reconocen A Los que Tienen Potestad Sobre Ellos.

A menudo, cuando Jesús se encontraba con los endemoniados, los demonios gritaron: "Ya sabemos quien eres. Tu eres el Hijo de Dios", o algo semejante. Y no han cambiado los demonios. La mujer dijo a la Sra. Osborn: "Sé quien es, y no quiero tener nada que ver con usted", y la anciana me dijo: "Le conozco. Esta mañana me dijeron que me encontraría con un verdadero siervo del Dios Altísimo". Casos como éstos acontecen de vez en cuando. Fue así en el ministerio de Pablo.

"Siete hijos de un tal Sceva tentaron a invocar el Nombre del Señor Jesús sobre los que tenían espíritus malos, diciendo: Os conjuro por Jesús, el que Pablo predica, y el espíritu malo dijo: "*A Jesús conozco, y sé quien es Pablo: pero voso-*

tros, ¿quiénes sois? Y el hombre en quien estaba el espíritu malo, saltando sobre ellos y dominándolos, pudo más que ellos, de tal manera que huyeron de aquella casa desnudos y heridos", (Hechos 19:13-16).

Esto es prueba de que los demonios saben quienes son los que tienen poder sobre ellos, conocían a Jesús y sabían quién era Pablo, pero a estos siete hijos de Sceva que trataron de echarles fuera por la fama que recibirían, los demonios se burlaron de ellos y se enseñorearon de ellos por completo.

"Cómo Dios ungió con el Espíritu Santo y con poder a Jesús de Nazaret" (Hechos 10:38), y fue el Espíritu Santo que dijo: "Apartadme a Bernabé y a Saulo para la obra a que los he llamado" (Hechos 13:2). Las dos personas a quienes los diablos reconocieron fueron ungidos ambos por el Espíritu Santo el poder de Dios. El *diablo reconoce a tales personas y las obedece.*

Pero el relato en esta ocasión es una advertencia clara que nunca debemos jugar con el diablo. A todo creyente verdadero se le ha dado potestad y autoridad sobre TODOS los diablos, y nunca debe temer ni vacilar en ejercitar esta autoridad, porque Jesús dijo claramente que "estas señales seguirán a los que creyeren . . . En Mi Nombre *echarán fuera demonios".*

Puedo mencionar para el mayor gozo de todo creyente que: María Magdalena fue poseída de *siete* demonios. Sin embargo, *un* hombre ungido de Dios, echó fuera a todos los *siete* demonios. En cambio, (en el caso mencionado arriba) había *siete* hombres, ninguno de ellos siervos ungidos de Dios, y todos los *siete* hombres no pudieron echar fuera siguiera *un* demonio; pero *un* demonio se enseñoreó de todos los *siete* hombres de tal manera que huyeron desnudos y heridos. ¡Qué contraste! Prueba que toda la fuerza y sabiduría humanas es inútil en la lucha contra nuestro adversario, el diablo: sin embargo, todos los diablos del infierno son inútiles contra un creyente verdadero ungido de Dios.

7. Los Demonios son las Causas de las Enfermedades

Esta verdad claramente demostrada por las Escrituras, cuando se comprende bien, servirá como una gran ayuda para su fe en Dios para la curación divina.

Un ministro, quien estaba presente cierta noche cuando prediqué sobre la relación entre los demonios y las enfermedades, dijo: "Reverendo Osborn, el mensaje de esta noche me ha ayudado más que cualquier otro que jamás he oído, para tener fe en Dios para la curación de todas nuestras enfermedades. Al saber que las enfermedades son *ataques de satanás* sobre nuestros cuerpos, en lugar de *bendiciones de Dios*, estoy listo para resistir la obra de satanás, para reprenderle, para ejercer mi autoridad sobre él, y echarle fuera de mí".

La vida de este ministro fue cambiada desde aquella hora así como mi vida y mi ministerio fueron transformados la noche que mi querida esposa regresó a casa de la campaña sanadora del Rvdo. Branham y me contó todo su mensaje sobre la obra de los demonios en las enfermedades.

La Fuente de las Enfermedades

El evangelista explicó claramente, "cada enfermedad tiene vida . . . un microbio que la hace funcionar. Aquella mala vida en el microbio no vino de Dios, porque el microbio mata y destruye la vida humana. Viene de satanás. Es aquella mala vida, o 'espíritu de enfermedad' que da vida a las enfermedades, así como su espíritu da vida a su cuerpo.

"Todos nosotros nos formamos de un pequeño germen. La vida de aquel *germen* vino de Dios. Fue el espíritu del hombre que Dios envió a vivir dentro del cuerpo, que había de desarrollarse alrededor de ese germen. El cuerpo, viviendo por el germen o espíritu de vida que Dios creó, creció y se desarrolló hasta que llegó a ser un cuerpo humano completo.

"Mientras esa vida o espíritu se quede en el cuerpo, el cuerpo vive. Pero tan pronto como el espíritu deja el cuerpo, el cuerpo está muerto; se pudre y vuelve a la tierra".

Continuó el predicador por decir: "Así es una enfermedad; principia como microbio, una vida mala, vida satánica enviada para vivir y poseer el cuerpo humano y destruirlo, por alguna terrible enfermedad. Mientras haya vida mala o el espíritu de enfermedad morando en un cuerpo humano, la enfermedad sigue viviendo llevando a cabo su obra destructiva. Pero tan pronto como el espíritu malo, o vida mala, o sea 'el espíritu de enfermedad' ha sido echado fuera del cuerpo en el Nombre de Jesús, aquella enfermedad se ha muerto. Se pudrirá y saldrá del cuerpo. Este es el proceso de la curación divina. La vida de las en-

fermedades es reprendida y echada fuera, entonces los efectos de las enfermedades pasan en
poco tiempo. Cuando alguien es curado por un
milagro, por supuesto, la obra completa se cumple instantáneamente por el poder de Dios".

Cuando la Sra. Osborn me contó esto que el
predicador había predicado, y me dijo cómo
ella había visto a la gente sanada, entonces,
todo el asunto principió a aclararse para mí.
Empecé a comprender bien muchas Escrituras
y el ministerio de la liberación fue una realidad
desde aquel momento.

Decidimos: "Entonces las enfermedades provienen del diablo. Y nosotros tenemos potestad
sobre el diablo en el Nombre de Jesús. Entonces
llamaremos a los enfermos, reprenderemos al
diablo que los tiene amarrados y que posee sus
cuerpos con enfermedades, echaremos fuera al
'espíritu de enfermedad', las enfermedades tendrán que morir, y los enfermos se sanarán".

" ¡Oh, Aleluya!", le dije a mi valiente esposa,
"vamos a anunciar una gran campaña de curación divina el domingo por la noche en la iglesia". Esto lo hicimos, y los enfermos fueron traídos de lejos y de cerca. Les pusimos las manos
sobre ellos como Jesús nos mandó hacerlo en
San Marcos 16. Reprendimos y echamos fuera
a los espíritus de las enfermedades en el Nombre
de Jesús. Sabíamos que la obra fue cumplida.
Los enfermos se sanaron, enteramente como
Jesús dijo que acontecería. La gente empezó a
divulgarlo por todas partes: "Oraron por mí, y
ahora ¡soy sano!", "tuve un tumor y ahora ha
desaparecido", "mi cáncer cayó al suelo pocas
horas después de la oración", "las úlceras en mi

estómago están curadas. Se han ido".

Sanando a los Enfermos y
Echando Fuera a los Demonios

Ahora puede usted comprender esta Escritura:
"Trajeron a él muchos *endemoniados* (Nótense:
que ésta fue la única clase de gente especificada
que fue traídas al Señor); y echó los demonios con la palabra, y sanó a todos los enfermos"
(Mateo 8:16). Esto infiere que las enfermedades
que Jesús sanó fueron causadas por demonios.
Echó fuera a los demonios, y sanó a la gente.
Eso es lo que dijo Pedro cuando escribió:
"Como Dios ungió con el Espíritu Santo y con
poder . . . a Jesús de Nazaret; y cómo éste
anduvo . . . *sanando a todos los oprimidos por
el diablo*" (Hechos 10:38).

La Mujer del Cuerpo Doblado

En San Lucas 13, Jesús aparece en la sinagoga
donde había una mujer que tenía el cuerpo do-
blado hasta tal punto que no podía enderezarse.
La Biblia dice que ella tuvo *"un espíritu de enfermedad"* (Lucas 13:11). ¿Qué clase de espíritu? ¿Era una bendición enviada de Dios?
¡NO! Jesús dijo: *"Satanás* la había atado".

Si hubieran pedido a los doctores que la exami-
naran, ningún especialista de la espina dorsal en
todo el mundo hubiera dicho: "es un espíritu de
enfermedad que la tiene atada". Los doctores lo
llamaría artritis de la espina dorsal, o que las
vértebras están dislocadas, o darían algún otro
nombre científico, y tendrían razón en cuanto a
los nombres médicos. Mas si usted quiere llegar
al fondo del malestar, tendrá que darse cuenta
de que un *espíritu* de enfermedad *de satanás* la
había atado. Que se eche fuera al espíritu malo,

que se reprenda la opresión satánica, y ella será
sana. Así lo hizo Jesús.

El Hombre Ciego y Mudo

"Fue traído a él un *endemoniado, ciego y mudo*"
(Mateo 12:22). Cuando el diablo fue echado
fuera, el ciego podía ver y el mudo podía hablar.
Así vemos que *un demonio ciego* había causado
la ceguera.

El Mudo

"Le trajeron un hombre *mudo, endemoniado*. Y
echado fuera el demonio, el mudo habló" (Mt.
9:32-33). Aquí, la mudez fue causada por un
demonio mudo.

El Niño Sordo-Mudo

"Reprendió al *espíritu inmundo* diciendole:
Espíritu mudo y sordo, yo te mando, sal de él,
y no entres más en él" (Marcos 9:25). Aquí la
sordera fue causada por un *espíritu sordo* que
había sido enviado a poseer al niño y matarle
porque "muchas veces le echa en el fuego y en
el agua, para matarle" (Marcos 9:22).

El Hombre Inmundo

"Pero había en la sinagoga . . . un hombre con
espíritu inmundo, el cual (la personalidad demoníaca) exclamó a gran voz . . . y Jesús reprendió al *espíritu inmundo* diciéndo (a la personalidad demoníaca) ¡Cállate, y sal de él!"
(Marcos 1:25 y Lucas 4:35). Aquí había un
hombre incorregible en la sinagoga y su condición fue causada por un *espíritu o demonio
inmundo*.

La Fiebre

La suegra de Pedro estaba con una fiebre. "E

inclinándose hacia ella, *reprendió a la fiebre;* y la fiebre la dejó" Lucas 4:39). No se puede reprender a alguien que no comprende las palabras. Se puede reprender solamente a las personalidades. Jesús reconoció a *satanás* trabajando en este cuerpo como la causa de la *fiebre.* El reprendió a la fiebre y la dejó la fiebre.

Términos Médicos y Términos Bíblicos

Los doctores pueden llamarla artritis, pero un espíritu tiránico del diablo es la causa verdadera. El término médico puede ser "cuerdas vocales sin desarrollo" y "nervios muertos del oído", pero la causa verdadera es un espíritu sordo y mudo del diablo que debe ser echado fuera en el Nombre de Jesús. El especialista puede decir que es glaucoma o cataratas, pero Jesús dijo que era un demonio ciego.

El Caso en Nueva York

Una mujer endemoniada fue traída a una de nuestras campañas. Estaba agarrada en las mismas uñas de satanás. El se había propuesto quitarle la vida. Su garganta se cerraba de modo que no podía tragar. Voces extrañas salían de su garganta diciendo cosas terribles. Ella estaba enojada, siempre de mal humor y atormentada, a causa de las voces que le decían que alguien la perseguía o la vigilaba.

Cuando oramos por ella y *los demonios fueron echados fuera,* se mareaba por unos momentos como una borracha, entonces, de repente, se puso normal, sus ojos que antes echaban odio, eran bondadosos y suaves; sus labios que antes estaban estirados sobre los dientes apretados, ya se relajaron en una sonrisa benigna. Las lágrimas resbalaban por sus mejillas y dijo con calma:

¡Oh, estoy libre! ¡Estoy tan contenta! ¡Estoy curada! ¡Soy sana! ¡Oh! ¡Me siento como que tengo una garganta nueva! ¡Me siento como libre de cadenas! ¡Oh, gracias a Dios!". Ella fue curada cuando el diablo la dejó.

La Ciega

Una mujer totalmente ciega fue traída para la oración. Los doctores habían dicho que tenía los nervios ópticos muertos. Por casi 15 años había andado a tientas en la obscuridad total con un perro hermoso que la guiaba. Reprendí al *demonio ciego* que la tenía ligada; la dejó cuando se lo mandé en el Nombre de Jesús, y la mujer gritó con gozo: " ¡Oh, ahora veo! ¡Soy curada!".

La Niña Loca

Una muchacha hermosa fue traída para la oración. Los doctores dijeron que había perdido la razón por haber estudiado demasiado y por haberse esforzado mucho. Cuando *el demonio de la locura* fue echado fuera en el Nombre de Jesús, creímos que la había dejado, aunque nada aconteció en seguida para demostrarlo, sin embargo, dentro de unos días era normal y dentro de poco estaba trabajando diariamente en una fábrica.

Un Milagro en Kingston, Jamaica

Veda McKensie fue traída en una carretilla vieja por tres mujeres a nuestro servicio en Kingston, Jamaica. Ella había sufrido, según dijeron los doctores, un ataque completo y fatal de parálisis debido a una hemorragia cerebral. Había quedado tendida sin vida por cuatro días y noches sin tragar ni una gota de agua ni un bocado de comida. Tenía los ojos vidriados y su cuerpo parecía muerto, aunque seguía el pulso de su corazón.

Reprendí al *demonio que la había paralizado* y le mandé que la soltara y que saliera de ella. Entonces llamé en alta voz: "Veda, abra los ojos y sea curada". Ella fue curada instantáneamente. Dentro de pocos minutos, ella estaba de pie, y anduvo a su casa buena y sana.

Cientos de personas en Kingston, Jamaica, tienen conocimiento de esta curación milagrosa de Veda McKinzie. La causa de su enfermedad era simplemente un *demonio* enviado de satanás para matarla y destruirla, pero Dios la libró, ¡gloria a Su Nombre!

Podría contarles cientos de casos semejantes que han acontecido en nuestro propio ministerio, pero creo que he contado los suficientes.

Quinta Parte:
Como Entran los Demonios

El hombre es un ser trino y uno. Quiero decir que se compone de (1) mente, (2) espíritu, o sea el alma, y (3) el cuerpo. Los demonios pueden poseer o la mente del hombre, o su espíritu (alma), o su cuerpo. Y en casos raros, pueden tomar posesión completa del hombre. Ellos se manifiestan de muchas maneras diferentes como nerviosidad, un carácter indomable, o por las pasiones excesivas, y la codicia o en alguna enfermedad o dolencia; locura, impulsos desenfrenados de matar, o en cualquiera de las docenas de otras manifestaciones.

Los ejercicios, las emociones, las costumbres o

las acciones desenfrenadas y anormales son las
puertas más amplias por donde entran los espíritus malos al cuerpo humano.

Las Leyes de la Naturaleza son Divinas

Dios ha hecho estos cuerpos nuestros de una
manera muy magnífica. Los ha hecho para
funcionar según leyes divinas y establecidas de
la naturaleza.

La Biblia explica claramente cada ley de Dios
por lo cual debemos gobernar nuestros cuerpos;
lo que debemos comer y beber; cómo debemos
vivir; todo lo relacionado con las leyes del ma-
trimonio y de la familia; todo lo del control de
nuestras emociones, nuestros sentimientos y
nuestras actitudes; y cada ley necesaria para
guiar nuestras vidas en caminos de paz y pros-
peridad.

La infracción de estas leyes ofrece una puerta
abierta al control satánico, así como cuando
Adán y Eva desobedecieron a la Palabra de Dios
en el Jardín de Edén, satanás entonces podía
dominarlos por completo.

Posesión Mental

Cuando violamos el órden establecido de Dios
para nuestras mentes y persistimos en medita-
ciones malas, maquinando, ideando el mal y
pensando en el mal, satanás puede tomar posesión de la *mente* e impulsarlo a pensamientos
excesivos y superfluos hasta que la locura (de
alguna clase) es el resultado final.

El homicida empezó con malos pensamientos.
El abominable principió codiciando. El ladrón
principió haciendo planes deshonrados. El

borracho principió soñando con los deleites del vino, etc.

Pablo dice: "todo lo que es verdadero, todo lo honesto, todo lo justo, todo lo puro, todo lo que es de buen nombre; si hay virtud alguna, si algo digno de alabanza, EN ESTO PENSAD" (Filipenses 4:8). "Transformaos por medio de la *renovación de vuestro entendimiento*" (Romanos 12:2). El nos manda: "llevando cautivo *todo pensamiento* a la obediencia a Cristo", (2 Co. 10:5), "por cuanto *los designios de la carne* son enemistad contra Dios; porque no se sujetan a la ley de Dios, ni tampoco pueden" (Romanos 8:7).

Posesión del Hombre Físico

Cuando violamos el órden establecido por Dios para nuestro cuerpo, y persistimos en su mal uso, satanás puede poseer nuestras facultades e impulsarnos a su destrucción final. Un gran porcentaje de las enfermedades orgánicas tienen su principio en el abuso de alguna parte del cuerpo. Los demonios de las enfermedades erigen su obra destructiva en el cuerpo, a menudo por el mal uso habitual del cuerpo, por las pasiones y acciones desenfrenadas, o aún por costumbres malas.

Posesión del Alma

La misma *persona* de un hombre puede ser en verdad poseída por un espíritu malo, por su *rechazamiento de Dios* y por su participación en los hechos y costumbres irreverentes de una vida pecaminosa.

Posesión Endemoniada de la Mente

Una persona cuya *mente* ha llegado a ser poseída

de demonios puede estar loca, de mal humor,
tímida, aniñada, temerosa, etc., aunque no sea
enferma o peligrosa en ninguna manera. Se ve a
una persona cuya mente es poseída, sentada con
la mirada fija en el espacio, o llorando continuamente, o riéndose de todo, o simplemente tonta
e ignorante, o tímida o temerosa de todos, o
que habla a sí mismo continuamente. El no
dañaría a nadie. Está completamente sin peligro,
pero su mente no es sana. Es *mentalmente poseído* del demonio. Su cuerpo es fuerte y sano, tal
vez, pero su *mente* ha llegado a ser endemoniada.

Posesión por Demonios del Cuerpo

La persona cuya *cuerpo* ha llegado a ser poseído
por los demonios puede estar enferma de cualquiera de los centenares de enfermedades, o
puede ser que esté debilitada y enfermiza, mal
desarrollada, o en algunos casos las deformacio-
nes son resultados directos de la posesión por
los demonios. O puede ser ciega, sorda, muda,
coja, o puede sufrir de cualquier otra de las
muchas condiciones de sufrimiento y deprava-
ción.

Deseo que usted vea claramente la diferencia
entre la posesión del *cuerpo* por los demonios,
y la de la *mente* y del *espíritu*.

Una persona cuyo *cuerpo* es poseído de algún
modo, puede ser perfectamente sana mentalmente y honorable de espíritu, pero un demonio
ha logrado el dominio de su *cuerpo* físico, ha
penetrado y ha poseído alguna parte del cuerpo
para estorbar y destruir el don divino de salud
para el hombre.

Posesión por Demonios del Espíritu

Pero alguien cuyo *espíritu* ha llegado a ser poseído es una *persona endemoniada* en el sentido más ámplio. El *espíritu humano* ha sido dominado de veras y ha sido poseído por un *espíritu malo, inmundo e inicuo*. Su mente puede estar bien por intervalos, su cuerpo puede ser perfectamente sano y bueno, pero la *persona* que mora en el cuerpo ha llegado a ser poseído en verdad. La *persona* se ha puesto como un demonio. Odiará, despreciará y se vengará; es peligrosa. Robará, matará y destruirá; peleará y dará voces; abusará y desafiará. Se porta como un demonio. Piensa como un demonio. Es semejante a un demonio. Un espíritu malo se ha apoderado de su *espíritu* y lo ha poseído. La *persona* es endemoniada. No el cuerpo, sino la *persona*. Eso, por supuesto, es la peor clase de posesión por demonios.

Y ahora, creo que usted podrá comprender lo que quiero decir cuando hablo de la salvación, de volver a nacer o hacerse cristiano.

¿Quién es un Cristiano Verdadero?

El cristianismo no es religión. El cristianismo es la vida de Jesucristo morando en nosotros (en nuestra persona). Un hombre puede tener la religión sin tener a Cristo. El cristianismo verdadero es "la posesión por Cristo" de la *persona* del hombre, así como un loco malvado ha llegado a ser poseído de demonios en su *persona*. El cristianismo verdadero es lo contrario de la verdadera posesión por demonios.

La posesión por demonios existe cuando un demonio posee de veras el *espíritu* humano, se

enseñorea de él, y lo gobierna. El hombre se
porta como demonio, se parece a un demonio
y *es* igual al demonio que le tiene poseído. La
posesión de Cristo (o sea el cristianismo) existe
cuando Jesucristo de veras posee el *espíritu*
humano (por su fe), gana el control sobre su
espíritu y lo gobierna (llega a ser su Señor).
El hombre se porta y vive como Cristo, quien
tiene posesión de él. El hombre que de veras ha
vuelto a nacer *es* semejante a Cristo. El cristianismo es la vida de Cristo dominando en la vida
de una persona.

La religión cambia al individuo exteriormente,
hace que asista a la iglesia de vez en cuando y
que haga unos cuantos actos buenos, pero está a
mil millas de el cristianismo. El cristianismo
significa ser poseído literalmente por la naturaleza de Cristo.

Cuando creemos la Palabra de Dios y aceptamos
a Cristo, según la Biblia, El entra verdaderamente en nuestras vidas, posee nuestra naturaleza y
somos hechos nuevas criaturas.

El Propósito de la Redención de Cristo

El propósito de la redención de Cristo fue res-
taurar al hombre a la comunión con Dios, para
que una vez más, Dios pudiera tener comunión
con el hombre y el hombre con Dios. Le ruego,
por lo tanto, acepte Ud. que Cristo entre en su
corazón por la fe, crea en El, como su Salvador
personal, y sea renacido. "De modo que si
alguno está en Cristo, nueva criatura es; las
cosas viejas pasaron; he aquí todas son hechas
nuevas" (2 Co. 5:17). Permita Ud. que Cristo
posea su vida y que viva en usted y así glorifique

a Dios en su espíritu y en su cuerpo que son suyos.

Sexta Parte: Resúmen

Nuestra Liberación

Como hemos demostrado claramente en los capítulos precedentes de este libro, nuestra salvación, nuestra liberación y nuestra redención de todas las obras de satanás han sido consumados por Cristo en el Calvario. Cuando El pronunció aquellas palabras "consumado es", era como alzar la bandera del victorioso sobre una tierra liberada después de la batalla, el enemigo había sido conquistado y forzado a rendirse.

Cristo, conocido como el "Autor y Consumador de nuestra fe" (Hebreos 12:2), y como el "Capitán de nuestra Salvación" (Hebreos 2:10) ha venido a este mundo, ha derrotado al enemigo (satanás), le ha quitado su autoridad, ha llevado nuestras dolencias y nuestras derrotas y se ha levantado del sepulcro triunfante sobre el diablo, y ha declarado aquellas palabras triunfantes: "CONSUMADO ES". Nuestra salvación, nuestra curación y nuestra libertad es consumada. La bandera de la victoria fue alzada, y la bandera ensangrentada del amor y de la paz ha sido izada y se eleva como un símbolo de la completa victoria y el total triunfo de Cristo sobre todas las obras del diablo que El vino a destruir.

Cuando Principió la Turbación

El hombre y la mujer fueron creados fuertes y sanos; sanos, felices y en comunión con Dios. Pero satanás, el engañador supremo, hizo que

Adán y Eva desobedecieran el mandato de Dios,
y dudaran de la Palabra de Dios, Pecaron contra
Dios y *se rindieron* a la autoridad de satanás para
ser sus esclavos para siempre. Por eso, fueron
expulsados del Jardín de Edén y separados para
siempre de la Presencia de Dios por su volun-
taria desobediencia ante la Palabra de Dios. Fue
entonces que las enfermedades, las dolencias y
las aflicciones principiaron su obra fatal de destruir la salud de la propia creación de Dios, y
desde entonces, han seguido haciéndola hasta
que Cristo, el Hijo de Dios, vino y llevó nuestros
pecados y nuestras enfermedades y nos las
quitó; pagó la pena de la desobediencia del hombre; muriendo crucificado y azotado, sufrió
nuestra pena de muerte por *nosotros*. Ahora que
El ha pagado *nuestra* deuda y la sufrido *nuestra*
pena en *nuestro* lugar, Dios *nos* ha declarado
libres. Por Su sangre derramada, *hemos* recibido
la remisión de los pecados, y por Sus llagas
fuimos nosotros curados (Mt. 26:28 y 1 P. 2:24).

Ahora somos librados de la mano del opresor,
satanás. El cuerpo, la mente y el alma están
libres. Nuestra tierra está librada. "Porque habéis
sido comprados por precio; glorificad pues a
Dios en vuestro cuerpo y en vuestro espíritu,
los cuales son de Dios" (1 Co. 6:20).

Cristo, el Capitán de nuestra salvación, ha gana-
do nuestra batalla por nosotros y nos ha librado
del poder y dominio del enemigo. Ahora, usted
puede decir: "Soy salvo por Su Sangre, y soy
curado por Sus Llagas", porque la redención es
suya para siempre.

Oposición Guerrillera — la Lucha Ilegal

Pero, ¿por qué todavía hay tantas personas

enfermas y afligidas, aún muchas que son cristianas? Porque aunque nuestra propiedad ha sido librada legalmente del enemigo, y aunque el reinado de satanás ha sido destruído por Cristo; aunque el poder de satanás sobre nuestras vidas le ha sido quitado, todavía hay un montón de demonios que siguen resistiendo nuestro avance y se resienten de nuestra victoria. No tienen ningún derecho legal de continuar oprimiendo y afligiendo a *aquellos que son salvados*, con las enfermedades y las dolencias, pero saben que *hay muchos miles de gente que no saben que satanás fue derrotado y tuvo que rendirse;* miles de personas no saben que los esfuerzos de satanás ya no tienen derechos legales sobre nosotros de ninguna manera, y por eso ellos continúan su oposición *ilegal* contra la raza humana y llevan a cabo sus ataques que traen las enfermedades y la derrota a muchos por causa de la ignorancia de la gente. *Mientras que la gente no sepa de la derrota legal de satanás puede operar sin estorbo.* Pero nuestra tarea es *leer* y *saber* la Palabra de Dios y descubrir el relato de la rotunda derrota de satanás. Entonces podemos "resisitir al diablo, firmemente en la fe, y él huirá de nosotros".

Reconozca Ud. a su Enemigo

Satanás es su adversario. Los demonios son sus enemigos, que se resienten constantemente de sus derechos legales sobre ellos y son celosos de su herencia. Siempre buscarán medios para estorbar su progreso y en cada metro de la tierra prometida le defraudarán. Sin embargo, como Josué y los Hijos de Israel, tiene que entrar y poseer su terreno sin temor.

Tiene que reconocer a su enemigo, localizarle,

estudiar su táctica de guerra y adiestrarse en el
poder y la fe para echarle fuera. Todo esto se
puede hacer leyendo y comprendiendo la Palabra de Dios. "Las armas de nuestra milicia no
son carnales, sino poderosas en Dios para la destrucción de fortalezas" (2 Co. 10:4). "Porque
no tenemos lucha contra sangre y carne, sino
contra principados, contra potestades, contra
los gobernadores de las tinieblas de este siglo,
contra huestes espirituales de maldad en las
regiones celestes" (Efesios 6:12).

Todo lo que es malo, destructivo, malicioso,
odioso, perverso y opresivo es obra de satanás.
Todo lo bueno, bendito, hermoso, bondadoso
y puro es obra de Dios. "Toda buena dádiva y
todo don perfecto desciende de lo alto, del
Padre" (Santiago 1:17). Dios "nos da todas las
cosas en abundancia para que las disfrutemos"
(1 Ti. 6:17). "Porque el Hijo del Hombre no ha
venido para perder las almas de los hombres,
sino para salvarlas" (Lucas 9:56). Es evidente
que satanás es un diablo malo, y que Dios es un
Dios bueno. Lo bueno viene de Dios, y lo malo
viene de satanás.

Satanás, su adversario, siempre está presente
para desafiar su fe, su integridad y sus derechos
del pacto de Dios. Satanás siempre dirije una
rebelión abierta contra Dios y su familia. Pero
Jesucristo "fue manifestado para deshacer las
obras del diablo" (1 Juan 3:8). Las obras del diablo son y siempre han sido "matar, hurtar y
destruir" (Juan 10:10) las almas, las mentes y
los cuerpos de la creación de Dios, en todo o en
parte, sin embargo, Cristo ha venido a destruir
todas estas obras malvadas de satanás, le ha ven-

cido, y nos ha dado potestad y autoridad sobre todos los diablos.

¡Cómo se resiente de ellos satanás! ¡Qué celoso es! El se opone a nosotros. Nos desprecia, mas ha advertido que estemos alerta. Se nos ha dado una armadura completa con que resistirle. Jesús, antes de volver al Padre Celestial, dió a todo creyente el derecho de usar Su Nombre contra el diablo. La Espada del Espíritu, que es la Palabra de Dios, está en nuestra mano. Nuestros pies son calzados con el Evangelio. El yelmo de la salvación está sobre nuestra cabeza, y el escudo de la fe es nuestra defensa con que podemos apagar todos los dardos del maligno. (Véase Efesios 6:13-18).

Oiga Ud. a Nuestro Capitán cuando dice: "He aquí, os doy potestad . . . sobre todo el poder del enemigo" (Lucas 10:19). "Les dió poder y autoridad sobre *todos* los demonios" (Lc. 9:1). "En Mi Nombre echarán fuera demonios" (Marcos 16:17). "Sobre los enfermos pondrán sus manos, y sanarán" (Marcos 16:18). No hay que temer nunca, ni temblar, sino ser fuerte, atrevido con la plena certidumbre de la fe, y con toda la armadura de Dios, resistir a satanás con el Nombre de Jesús, echar fuera demonios; y con la Espada de la Palabra de Dios, derrotar toda fuerza que se opone. Amén.

7

LA AUTORIDAD DEL CREYENTE

"Habiendo reunido a sus doce discípulos, LES DIO PODER Y AUTORIDAD sobre *todos* los demonios, y para SANAR enfermedades. Y los envió a predicar el reino de Dios, y a SANAR a los enfermos. Y saliendo, pasaban por todas las aldeas, anunciando el evangelio, y SANANDO por todas partes" (Lucas 9:1, 2, 6).

"Y estableció a doce, para que estuviesen con él, y para ENVIARLOS a predicar, y que TUVIESEN AUTORIDAD PARA SANAR enfermos, y para ECHAR FUERA demonios" (Mr. 3:14-15).

El Ministerio de Autoridad

Creamos y prediquemos esta verdad, o no, la verdad siempre queda establecida, que Cristo NOS ha dado a NOSOTROS, a gente sencilla como usted y yo, el poder para *curar* enfermedades y *echar fuera* demonios, no solamente algunos demonios, pero sí "todos los demonios" (Lucas 9:1).

El Poder del Valor Bíblico

He leído mucha literatura acerca de sanidad divina, milagros y la ejecución de hechos sobrenaturales por medio del poder de Dios, pero muchas veces he concluído la lectura con la impresión de que pudiendo esto realizarse, sólo unos pocos escogidos especiales serían usados por Dios para hacer estas cosas. Pero cuando cierto librito fue puesto en mis manos, con el encargo de que lo leyera, noté que el autor del libro trataba continuamente de convercer a su lector de que *él* PODIA HACER cualquiera y todas las cosas que Dios le dijo que él podía hacer. Este mensaje llevaba en sí el espíritu de un conquistador. Me hizo sentir como si YO FUERA UN CONQUISTADOR. Acepté el reto del autor ACTUANDO EN LA PALABRA DE DIOS, como él persistentemente sugería, y teniendo este estímulo de que YO PODIA HACER PROEZAS, y que *podía* ser un conquistador, todo lo espiritual tomó un aspecto nuevo. El ministerio vino a ser algo diferente desde este punto de vista.

Usted Puede Ser un Conquistador

Cristiano, usted PUEDE HACER todo lo que Dios, o Su Hijo Jesús, ha dicho que Ud. puede hacer. Si Jesús dijo: "Sobre los enfermos pondrán sus manos, y sanarán", entonces exactamente eso mismo sucederá cuando usted ponga *sus* manos sobre los enfermos, confiando en Dios que cumpla Su Palabra.

Si Jesús ha dicho: "En mi nombre echarán fuera demonios", y si El NOS dió poder y autoridad sobre TODOS los demonios, como dice nuestro texto que El hizo, entonces eso quiere decir que cuando ordenamos a un demonio salir de alguien que está poseído del mismo, el demonio TIENE QUE OBEDECERNOS, si creemos y confiamos que Dios cumple Su Palabra.

Si Jesús quiso decir algo, al fin y al cabo, *quiso decir aquello que dijo*. Si la Palabra de Dios significa algo, *significa lo que ella dice*. Dios HARA lo que El dice que hará, y nosotros PODEMOS HACER lo que Dios dice que podemos hacer.

Si Pablo Viviera Hoy

Dice la Iglesia: "Si Elías estuviera aquí", o "si Pablo viviera hoy", o "si tuviéramos a Moisés o algún otro profeta en medio de nosotros hoy. Ellos tenían gran poder con Dios, verdaderamente Dios obró a través de ellos".

!Ah, hermano! sobrepóngase a sus deseos desalentadores. Eche a un lado sus súplicas inútiles. Mire a su alrededor y vea la posición de USTED hoy. El creyente *hoy* tiene el mismo poder y autoridad que el creyente tenía antes, si hace uso de él.

Pero dice Ud.: "Soy tan pequeño y débil". Esa es la clase de gente que Dios quiere usar. Moisés dijo eso (Exodo 3:11; 4:1, 10); Isaías dijo eso (Isaías 6:5); Jeremías dijo eso (Jeremías 1:6). Jesús dijo: "Sin mí nada podéis hacer" (Juan 15:5). "Porque cuando soy débil, entonces soy fuerte" (2 Co. 12:10). "Diga el débil: Fuerte soy" (Joel 3:10). La potencia de Dios "en la debilidad se perfecciona" (2 Co. 12:9). En la flaqueza "se hicieron fuertes" los antiguos profetas (Hebreos 11:34). *Cuanto más débil usted SE SIENTA, más fuerte ES en Dios.*

La mente natural nunca comprenderá esta realidad, ni el hombre natural podrá entenderla, porque "Los designios de la carne son enemistad contra Dios; porque no se sujetan a la ley de

Dios, ni tampoco pueden" (Romanos 8:7). "Pero el hombre natural no percibe las cosas que son del Espíritu de Dios, porque para él son locura, y no las puede entender, porque se han de discernir espiritualmente" (1 Co. 2:14). "Nadie conoció las cosas de Dios" (1 Co. 2:11).

La Fe No es Sensación

Nunca *sentiremos* que podemos hacer las cosas que Jesús dijo que podamos hacer, tales como sanar enfermos, echar fuera demonios, limpiar los leprosos, y resucitar a los muertos, porque NOS SENTIREMOS MUY DEBILES, pero ninguna persona que esté dispuesta actuar de acuerdo con sus SENSACIONES, o que juzga las cosas de acuerdo con la APARIENCIA EXTERNA, jamás conocerá la bendición de la potencia de Dios perfeccionándose en la flaqueza humana.

El Secreto que Traerá Otro Gran Avivamiento

Si la Iglesia puede ser convencida que ella *puede* hacer lo que Dios dice que puede hacer; y que *ella es* lo que Dios dice que es, otro gran día de victoria triunfal, como aquellos vistos en la iglesia primitiva (y creo que aún más grandes) será inevitablemente el resultado.

La Derrota Exagerada

Mucho se ha dicho y predicado concerniente a la NECESIDAD de la Iglesia, lo que la Iglesia DEBERIA DE TENER, lo que la Iglesia SOLIA TENER, las cosas que ella NO PUEDE HACER y acerca de sus DERROTAS, FRACASOS y DEFECTOS; mientras que se ha dicho muy poco al cristiano promedio de lo que EL PUEDE HACER, del poder que él TIENE y de los secretos de la fe que vencerá.

Diga: "Yo puedo" — No diga: "Yo no puedo".

He encontrado que nunca crezco espiritualmente "jactándome" de lo que "no puedo hacer", pero habiendo aprendido a hacer que mi
testimonio declare lo que "YO PUEDO HA-
CER", de acuerdo a lo que Dios ha hablado en
Su Palabra eterna, me encuentro creciendo espiritualmente.

Pablo exclama: *"Todo lo PUEDO* en Cristo que
me fortalece" (Fil. 4:13). Nunca habló Pablo de
lo que él NO PODIA HACER, pero sí de lo que
él PODIA HACER. Aprenda a creer que usted
PUEDE HACER todo lo que Dios dice que Ud.
puede hacer. Crea que usted ES lo que Dios dice
que es.

"Antes, en todas estas cosas *somos más que
vencedores* por medio de Aquel que nos amó"
(Romanos 8:37). Somos VENCEDORES. Somos
CONQUISTADORES. *Siempre* TRIUNFAMOS
cuando creemos la Palabra de Dios (2 Co. 2:14).

Si Dios estuvo con Moisés, estará con NOSO-
TROS. Cuando El prometió a Josué estar con él
como había estado con Moisés (Josué 1:5),
quiso decir que estaría con NOSOTROS así
como había estado con Moisés.

Solo Gente Sencilla — Como Usted y Yo

Moisés, Daniel, David, Elías, Pedro y Pablo eran
hechos del mismo material que usted y yo,
exactamente. Eran gente sencilla como usted y
yo. "Elías era hombre sujeto a pasiones semejantes a las nuestras" (Santiago 5:17).

Moody, Finney, Price, Wigglesworth, Dowie y

muchos otros eran gente sencilla como nosotros. La única diferencia es que ellos se rindieron
enteramente a Dios, creyeron Sus palabras y
ACTUARON EN ELLAS. Quizás no ha hecho
esto, siendo ésta la única diferencia.

Vacío de si Mismo — Lleno de Dios

Al Reverendo Shea de Rochester, Nueva York,
el Espíritu de Dios le dijo: "Sí, tu podrás tener
más de Dios cuando Dios tenga más de tí". Este
es el "motivo" del principio divino en la consagración de nuestras vidas a El. Dios siempre ha
usado hombres que se han entregado COMPLE-
TAMENTE a El, sí, y la usará a USTED a la
medida de su consagración a El.

Este es Nuestro Día

Dios está tratando de despertarnos al hecho de
que DEBEMOS ENFRENTARNOS AL MUNDO
y suplir su necesidad HOY, como Pedro hizo en
su día. *Este es NUESTRO día de servicio*. Suba
sus mangas y vaya USTED a libertar a los cautivos. Abra USTED los ojos de los ciegos, destape
USTED los oídos de los sordos, y rompa USTED
las ataduras de la enfermedad. El mundo está
dependiendo de USTED. Tiene este poder en
SU "vaso". Le ha sido dado a USTED. *Actúe
hoy sobre eso*. Empieze a SANAR enfermedades. ECHE FUERA los demonios alrededor de
Ud. USTED PUEDE HACERLO, actuando
representativamente *en el nombre de Jesús*, en
Su lugar.

El Poder del Nombre de Jesús

El secreto del éxito, como creyentes, está en
hacer todo lo que hagamos en el *nombre de
Jesús*. "Y todo lo que hacéis, sea de palabra o
de hecho, hacedlo todo en el *nombre del Señor*

Jesús" (Col. 3:17). "Y estas señales seguirán a los que creen: *En mi nombre* ECHARAN fuera demonios . . . sobre los enfermos PONDRAN sus manos, y sanarán" (Marcos 16:17-18).

Otros Han Partido — Quedamos Nosotros

En la primavera de 1947, mientras pastoreaba una Iglesia en McMinnville, Oregon, recibí la noticia de la muerte del Dr. Carlos Price. Nunca le había conocido, ni visto en persona, pero al enterarme de su partida de este mundo, sollocé amargamente. Dios comenzó a hablarme. El Espíritu trajo a mi mente el recuerdo de Wigglesworth, McPherson, Pearlman, Smith, Kenyon, Price y otros, ninguno de los cuales yo había conocido u oído predicar, y ¡he aquí! Se habían IDO, idos para siempre del escenario de acción en este mundo. Nunca les vería aquí. El mundo no volvería a sentir jamás el impacto y la maravillosa influencia de su ministerio. Sólo podríamos hablar de ellos y escuchar acerca de sus hazañas en la fe. ¡Oh, cómo me quebrantó!

Dije: "Señor, ELLOS SE HAN IDO. Millones todavía están muriendo. Hay multitudes enfermos y sufriendo. ¿A QUIEN acudirán por ayuda? ¿QUIEN conmoverá nuestras grandes ciudades y llenará nuestros grandes auditorios con el poder magnético de Dios sanando a los enfermos y echando fuera demonios? ¿Qué hará el mundo ahora?

Mi Comisión

Dios respondió a mis preguntas así: "Hijo mío, como estuve con Moisés, así estaré contigo, ve TU y echa fuera demonios, sana TU los enfermos, limpia TU los leprosos, resucita TU a los muertos. He aquí, a TI TE doy poder sobre

TODO el poder del enemigo. No temas, sé valiente, confía. YO ESTOY CONTIGO COMO ESTUVE CON ELLOS. Nadie TE podrá hacer frente en todos los días de TU vida. Yo usé esos hombres *entonces*, pero AHORA DESEO USARTE A TI".

Milagros y Sanidades

Le tomé a Dios Su Palabra, aunque temblaba en gran manera. Nunca se me había ocurrido que Dios deseara usarme a MI para continuar esa gran obra. Desde entonces, multitudes de milagros y sanidades han sucedido a través de la nación entera a la medida en que nos hemos atrevido ocupar nuestro puesto haciendo exactamente como Jesús dijo que hiciéramos.

Descubrí que Jesús realmente quiso decir lo que dijo cuando El nos dió a NOSOTROS el poder para SANAR enfermedades y ECHAR FUERA demonios. Mientras hemos visto los sordos oir los ciegos ver, los mudos hablar y los cojos andar, ha conmovido nuestros corazones ver confirmado esto: "He aquí, Yo estoy con VOSOTROS todos los días, hasta el fin del mundo" (Mateo 28:20).

8

VEINTE PRUEBAS

La merced de la sanidad divina se halla revelada en la Palabra de Dios:

1. Por el Nombre Redentor del Pacto, Jehová-Rapha. Traducido: "Yo soy Jehová tu Sanador" (Exodo 15:26).

2. Por los símbolos de la expiación del Antiguo Testamento dados en conexión con la sanidad del cuerpo, que Cristo adoptó a Sí mismo y a Su expiación.

3. Por las actividades sanadoras de Dios en todo el Antiguo Testamento.

4. Por la expiación de Cristo la cual fue a favor de todos los que viven sobre la tierra mientras El esté en el cielo, porque está escrito, "El mismo tomó nuestras enfermedades y llevó nuestras dolencias" (San Mateo 8:17).

5. Por el ministerio sanador de Cristo, durante ese tiempo El sanaba a "todos los oprimidos del diablo" (Hechos 10:38); mientras El estaba haciendo y revelando a nosotros la volun-

tad inmutable de Dios (He. 10:9; Jn. 5:30, 6:38).

6. Por el hecho de la compasión *invariable* de Cristo, la cual en todas ocasiones le movía a sanar *todos los que venían a El* por la sanidad.

7. Por la promesa de Cristo de continuar y aumentar sus obras de misericordia por medio de nuestras oraciones mientras El es glorificado a la diestra de Dios (Juan 14:12-14).

8. Por la gran comisión de Cristo a la Iglesia, que nos manda a predicar todo el Evangelio, lo cual incluye la sanidad, en todo el mundo, a todas las naciones, a toda criatura, con todo poder, durante todos los días, hasta el fin del mundo. Esta comisión contiene la promesa de Cristo, "Sobre los enfermos pondrán sus manos y sanarán (Marcos 16:18).

9. Por el mandamiento bíblico a cualquier enfermo en la iglesia, durante la edad de la iglesia, a ser ungido por la sanidad (Santiago 5:14).

10. Por el hecho que Cristo "puso" o *estableció* en la Iglesia, después que El fue glorificado; los "dones de sanidad", de "fe" y de "milagros" (1 Co. 12:9-10).

11. Por el propósito por el cual la Biblia dice que Cristo fue manifestado, es decir, "para destruir las obras de satanás" (1 Juan 3:8); algunas de sus "obras" fueron infligir sobre los cuerpos humanos toda clase de enfermedad y dolencia (Job 2:7; Lc. 13:16; Hch. 10:38).

12. Por el hecho que cada creyente puede ser

"enteramente preparado para toda buena obra"
(2 Ti. 3:17). Pablo oraba que los creyentes fuesen hechos "aptos en toda obra buena" (Hebreos
13:21). El instruía a Tito que debía "afirmar
constantemente" que los creyentes debían de
aprender a "gobernarse en buenas obras". Afir-
maba que el sólo propósito de la obra de Cristo
fue para que El tuviera "un pueblo propio,
celoso de buenas obras" (Tito 2:14). El exhor-
taba a los creyentes a "crecer en la obra del
Señor siempre" (1 Co. 15:58). Y una de las úl-
timas y de las más grandes promesas del Señor
fue hecha "al que hubiera vencido y hubiera
guardado mis obras hasta el fin" (Ap. 2:26).
Estos mandamientos no los pueden obedecer, ni
tampoco pueden gozar de estos privilegios los
innumerables millares de enfermos y afligidos si
no han sido sanados primeramente por el poder
divino.

13. Por el hecho que en el Calvario Cristo
nos redimió de la maldición de la ley que incluía
toda enfermedad conocida por la raza humana,
(Gálatas 3:13; Dt. 28).

14. Por las palabras "salvación" y "salvado",
que significan ser hecho sano; las dos palabras
siendo aplicadas a veces al cuerpo, y otras veces
al alma.

15. Por el hecho que estamos viviendo en la
Edad del Obrador de Milagros, la dispensación
del Espíritu Santo, durante la cual Dios ha dado
el Espíritu para que sean hechos milagros:
"Aquel pues que os suministraba el Espíritu y
hace maravillas (milagros) entre vosotros".
(Gálatas 3:5).

16. Por las muchas promesas de Dios por todas las Escrituras, tanto en el Antiguo como en el Nuevo Testamento.

17. Por el cumplimiento, en todo el Libro de los Hechos de los Apóstoles, de las promesas de Cristo de perpetuar Sus obras desde la diestra de Dios mientras El esté en el cielo.

18. Por los hombres y movimientos grandes de la Edad de la Iglesia.

19. Por el hecho de que "Jesucristo es el mismo ayer, y hoy, y por los siglos" (Hebreos 13:8), y que El siempre "sanaba a todos", "sanaba a cada uno de ellos", y "cuantos le tocaron quedaron sanos".

20. Por el hecho que miles y miles de personas sufriendo de toda clase de enfermedad y dolencia, e imperfección física han sido sanadas por la gracia del Señor en nuestras campañas.

¿Por qué No Reciben Algunos la Sanidad?

Puesto que es tan claramente revelado por todas partes en las Escrituras que el Padre Celestial desea nuestra sanidad, ¿por qué en nuestros días hay algunos que buscan la sanidad y no la reciben? Esta pregunta está en la mente de muchos investigadores sinceros. Hay varias respuestas a esta pregunta, las cuales mencionaremos brevemente:

1. Ignorancia en cuanto al poder sanador del Evangelio. Tenemos que conocer la promesa de Dios antes de tratar de ejercitar fe por el cumplimiento de la promesa.

2. La incredulidad de los que nos rodean a veces impide en algunos casos (Marcos 6:5-6).

3. El quebrantamiento de las leyes naturales.

4. Incredulidad de parte del anciano o del ministro que ora por los enfermos (Stg. 5:15-17).

5. La aflicción a veces es la obra de un espíritu maligno que tiene que ser echado fuera (Mateo 9:32-33; Marcos 9:25-27).

6. Algunos miran hacia la iniquidad en su corazón (Salmo 66:18; Proverbios 28:13).

7. En este período de Laodicea de la Iglesia, la *tibieza* es uno de los grandes impedimentos de la sanidad (Ap. 3:15-16).

8. Un espíritu no perdonador (Marcos 6:15).

9. Males por arreglar (San Mateo 5:23-24).

10. Algunos no tienen ningún propósito fijo ni diligencia en buscar a Dios por la sanidad, en el tal caso nunca se manifiesta una fe persistente (San Lucas 18:1-8, Hebreos 11:6).

11. Muchos procuran limitar a Dios a hacer *milagros*, y por lo mismo no reciben su *sanidad*.

12. Algunos se ponen débiles en la fe mirando a sus síntomas, o haciendo caso y continuamente confesando lo que "sienten". Véase Ro. 4:18-21.

13. Otros no reciben la sanidad por cuanto no *actuan* sobre su fe (Stg. 2:14, 17, 18, 20, 22, 26).

14. Otros, cuando son probados, echan fuera su confianza, no ven que, como en el caso de Abraham, por la prueba su fe debería ser perfeccionada, no destruída (Hebreos 10:35).

15. Algunos no reciben al Espíritu Santo, el cual ha sido enviado para impartirnos las bendiciones de la redención (Ro. 8:11; Gá. 3:5).

16. Otros sustituyen su creencia en la *doctrina* de la Sanidad Divina por la fe personal para ser sanados.

17. Algunos no reciben las Promesas escritas de Dios como Su Palabra directa a ellos (Salmo 105:6-9; Jer. 1:12; 2 Co. 1:20).

18. Algunos no creerán que su oración por la sanidad ha sido oída hasta que hayan experimentado y visto la respuesta (Marcos 11:24; 1 Juan 5:14-15).

19. Muchos impiden a Dios, basando su fe sobre su mejoría después de la oración, mas bien que sobre Sus promesas.

20. La parte de la sanidad del Evangelio es impedida y muchas veces hecha sin ningún efecto por las "tradiciones de los hombres" (Mr. 7:13).

9

SIETE TRADICIONES

Los Fariseos le Preguntaron a Jesús:

¿Por qué tus discípulos quebrantan la TRADICION DE LOS ANCIANOS?" (Mt. 15:2).

¿Por qué tus discípulos no andan conforme a la TRADICION DE LOS ANCIANOS (Mr. 7:5).

Jesús Les Respondió:

"¿Por qué también vosotros quebrantáis el MANDAMIENTO DE DIOS POR VUESTRA TRADICION?" (Mateo 15:3).

"¿Por qué dejando el MANDAMIENTO DE DIOS, os aferráis a la TRADICION DE LOS HOMBRES. . . Bien invalidáis el mandamiento de Dios para guardar vuestra TRADICION. . . (Note los resultados) INVALIDANDO así la Palabra de Dios con vuestra tradición" (Marcos 7:8, 9, 13).

¿Qué es Tradición?

Webster define a "TRADICION" como el acto oral, de que costumbres, prácticas, y opiniones pasan de una generación a la otra. En vez de la verdad ser dada en la "TRADICION DE ANCIANOS" tenemos las ideas, opiniones, y teorías de hombres: algunas de las cuales han sido dadas sinceramente, reverentemente y a conciencia, siendo sin embargo que no son bíblicas. Es posible que un hombre yerre sincera y honradamente "sin saber la verdad" pero ese mismo sincero y honrado hombre acepte la VERDAD cuando le es presentada.

¿Qué Perjuicio Tiene la Tradición?

Las tradiciones recibidas por las doctrinas y mandamientos de hombres han causado que muchos se expongan a perder su LIBERACION comprada en el Calvario, así siendo víctimas del dolor, enfermedad y desabilidad física impuestas por satanás. Pero cuando somos iluminados debidamente con la VERDAD de la Palabra de Dios, "la Verdad (nos) hará LIBRES".

Muchos y varios conceptos que no son bíblicos, son sostenidos por personas que no han notado cuidadosamente la expresión, "Así dicen las Escrituras", algunas de las cuales deseamos exponer en este mensaje.

Estando bien conciente del hecho que un gran por ciento de aquellos que sostienen esos conceptos TRADICIONALES, que no son bíblicos, así como opiniones respecto a la sanidad divina del cuerpo, son completamente sinceros y cabales en sus corazones, estoy cierto que casi todo aquel que hojea las páginas de este mensaje con un corazón abierto, y ávido de conocer la VERDAD PERFECTA acerca de la misericordia que hay en la divina sanidad física, tendrá, cuando haya terminado de leer, una fe sólida, capaz de mover los montes, y maravillarse en extremo por la simplicidad y veracidad de esta gran, aunque descuidada realidad de LA LIBERACION física.

Ahora, vamos a anotar algunas de las "TRA-
DICIONES DE LOS ANCIANOS" que no son
bíblicas.

1. Que Dios es el Autor de las Enfermedades y Desea que Algunos de sus Adoradores Estén Enfermos.

La Biblia nunca refiere a Dios como el dador de
enfermedades, mas sí, como el Sanador. Dios
nunca se identifica como "EL SEÑOR QUE TE
HIERE CON LAS ENFERMEDADES"; pero
antes bien, por Su Nombre y por Su pacto redentor: Jehová-Rapha, se revela como *"Yo soy
JEHOVA tu sanador"* (Exodo 15:26).

En cuanto al ministerio de Jesús, Pedro, inspirado por el Espíritu Santo, dijo: "Jesús anduvo
haciendo bienes, y SANANDO A TODOS LOS
OPRIMIDOS DEL DIABLO" (Hechos 10:38).

Si Dios quería que algunos de estos sufrieran,
entonces Jesús y los apóstoles al sanarles se
habrían OPUESTO al plan del PADRE. Al leer
las siguientes Escrituras verá la falsedad de esta
"Tradición de los Ancianos".

"He aquí (a Jesús) que vengo, oh Dios, para
hacer tu voluntad" (He. 10:9), y (Jesús) "Porque he descendido del cielo, no para hacer mi
voluntad, sino *la voluntad del que me envió*"
(Juan 6:38).

Si las enfermedades son dadas por Dios y están
en la voluntad de Dios para algunos de sus seguidores, somos obligados a concluir que nadie así
destinado, debe buscar ayuda medicinal para
mejorar sus males, pues al aliviarse estaría
oponiéndose a la voluntad de Dios en su vida.

Aún más, si la enfermedad es la voluntad de Dios
para nosotros, y si Dios es responsable por
nuestras enfermedades, entonces cada doctor es
un violador de la ley de Dios, cada enfermera
está desafiando al Todopoderoso, y cada hospital es una casa de rebelión contra Dios en vez de
ser una casa de piedad; y además, si es la voluntad de Dios que algunos estén enfermos, entonces sería un pecado si los enfermos desearan
sanarse, en vista de que debemos aceptar la voluntad de Dios más que todo.

En vista de que Jesús invirtió tres años en sanar a
TODOS los enfermos y adoloridos que venían a
El, nos da base bíblica para concluir que las enfermedades NO SON la voluntad de Dios. Si
fuera al contrario, ¿por qué llevó Jesús nuestras
dolencias y enfermedades (Mt. 8:17)? ¿Por qué
llevó El nuestros pecados en Su cuerpo y fue
azotado por nuestros males? (1 P. 2:24). ¿Paga-
ría Jesús el precio por nuestra redención, por el
cual somos libres, si fuese como se alega, que el
Padre desea que nosotros seamos sujetos a las
enfermedades y dolencias y pecados? ¿A caso no
están de acuerdo el Padre y el Hijo en el plan
eterno del evangelio de misericordia?

La Biblia enseña claramente que las enfermedades vinieron como consecuencia de la caída del
hombre. Cuando el hombre se rebeló abierta-
mente contra la Palabra de Dios, así pecando, las
enfermedades fueron la pena impuesta por ese
pecado. Si el hombre nunca hubiera pecado, las
enfermedades jamás hubieran tocado su cuerpo.

Dios creó al hombre fuerte y sano. Ese fue el
plan perfecto que Dios tuvo para el hombre. El
hombre y Dios gozaban de la íntima comunión

hasta que el pecado separó al hombre de Dios, y colocó al hombre bajo el dominio de satanás y le hizo al hombre la víctima y esclavo de él. Pero el Nuevo Testamento declara que *"Cristo nos ha redimido"*, o nos compró de satanás (Gá. 3:13). Pablo declara que por Cristo hemos recibido la RECONCILIACION (Ro. 5:11). La comunión que Adán y Eva gozaron al principio nos ha sido restaurada a nosotros por el "último Adán", Cristo, a través de lo que se llama la "EXPIACION".

Todo el poder de satanás es quitado de nosotros por Cristo, puesto que hemos sido restaurados y hechos uno con DIOS por medio de El.

Todo el pecado y enfermedad con que satanás nos había hecho cargar han sido llevados por Cristo Nuestro *Substituto* (1 P. 2:24; Mt. 8:17), y hemos SIDO LIBRADOS.

Estoy seguro que en vista de todo Su sacrificio, no podemos persistir en creer que Dios desea que se enferme ninguno de los adoradores de Cristo. Pues TODOS han sido REDIMIDOS por Cristo.

2. Que Dios a Veces Obra su Plan en Nuestras Vidas por Medio de las Enfermedades.

En respuesta a esta tradición, sugiero la pregunta siguiente: ¿acaso desea Dios obrar en nuestras vidas a través del PECADO?

Viendo que ambas cosas: el pecado y la enfermedad están en la misma categoría traídas a la humanidad por el mismo diablo, ¿no sería razonable concluir que si Dios desea prefeccionar Su plan en algunas vidas por medio de las enfermedades, que también Dios desearía perfeccionar Su plan glorioso en algunas vidas por medio del pecado?

Si Dios deseara usar algunos de los recursos de satanás para perfeccionar Su plan en nuestras vidas, entonces ¿no querría El seleccionar el pecado, así como la enfermedad, para lograr Su propósito?

Dado que el Nuevo Testamento explica en detalle el modo que Dios trata con Sus hijos bajo el Pacto de la Gracia, nos maravillamos al notar que no hay ni un caso donde Jesús puso Sus manos sobre alguna dama hermosa diciéndole: "Hija, sé ciega, y por tu ceguera que Mi Padre te ha enviado, aprende la lección de la paciencia y de la obediencia que Mi Padre desea que aprendas".

¿Hay caso alguno donde un hombre vino al Maestro por sanidad, a quien en lugar de sanarle Jesús le dijo: "Hijo, se fiel en tu prueba porque es "la vara de MI PADRE sobre tí, y cuando El haya acabado de enseñarte tu lección, El me enviará a sanarte?".

¡NO! ¡NO! mi hermano, mil veces ¡NO! Nunca aconteció tal caso. Entonces, ¿no es meramente una TRADICION decir tales cosas a los que sufren enfermedades, etc.?

El pecado tanto como la enfermedad son igualmente detestables a la vista de Dios. Cristo Jesús vino como el Redentor y Libertador de ambos. Ambos los pecados y las enfermedades fueron llevados por Nuestro Eterno Sustituto. Ahora somos libres de ambos (Isaías 53:4-5). En todos

los casos en la Biblia, Jesús perdonó los pecados
y sanó las enfermedades. Y no se olvide Ud.,
que "Jesucristo *es el mismo* ayer, y hoy, y por
todos los siglos (Hebreos 13:8), aunque haya
muchas TRADICIONES contrarias.

Los ancianos pueden cambiar, pero Jesús y Su
manera de tratar con el hombre, nunca varían.
El es Eterno. Su Palabra permanece para siempre. Ella promete LIBERACION y LIBERTAD
a todos los que "sólo creen" HOY.

3. Que No es la Voluntad de Dios Sanar a "TODOS" Los Enfermos.

A todos los que aceptan esta bien propagada
TRADICION que no es bíblica quiero llamarles
la atención a estas Escrituras:
"Le siguió mucha gente, y *sanaba a todos*"
(Mateo 12:15).
"Cuando le conocieron los hombres de aquel
lugar, enviaron noticia por toda aquella tierra
alrededor, y trajeron a él todos los enfermos; y
le rogaban que les dejase tocar solamente el
borde de su manto; y *todos los que lo tocaron,
quedaron sanos*" (Mateo 14:35-36).
"Y toda la gente procuraba tocarle, porque
poder salía de él y *sanaba a todos*" (Lc. 6:19).
"Y cuando llegó la noche, trajeron a él muchos
endemoniados; y con la palabra echó fuera a los
demonios, y *sanó a todos los enfermos*; para que
se cumpliese lo dicho por el profeta Isaías, cuando dijo: El mismo tomó NUESTRAS enfermedades, y llevó nuestras dolencias" (Mt. 8:16-17).
"Al ponerse el sol, todos los que tenían enfermos de diversas enfermedades los traían a él; y
él, poniendo las manos sobre *cada uno de ellos,
los sanaba*" (Lc. 4:40). Véase Hechos 5:15-16.
"Cómo Dios ungió con el Espíritu Santo y con

poder a Jesús de Nazaret, y cómo éste anduvo haciendo bienes y *sanando a todos los oprimidos por el diablo*, porque Dios estaba con él", (Hechos 10:38).

SI "Jesucristo es el mismo ayer, y hoy, y por los siglos" (Hebreos 13:8), como Pablo declaró por el Espíritu Santo, entonces estoy seguro que El *sanará a todos* los que vengan a El hoy día por la curación divina.

La curación divina era para todos, en aquel entonces Jesús era tan liberal con Su poder sanador como lo era con Su perdón. Jesús sanaba a los enfermos tan libremente como perdonaba a los pecadores. Es un hecho que hay más casos en la Biblia en donde Jesús sanó a los enfermos, que casos en donde Jesús perdonó a los pecadores. Si Cristo en Su bondad, daba esta *mayor bendición* (el perdón de pecados) ¿no nos daría la *menor bendición* (la salud para el cuerpo) también de buena voluntad?

Si por Jesús, Dios sanaba a los más malos en aquel entonces, ¿no sanaría por El, hasta el mismo extremo hoy día? Si Dios hizo milagros en sus hijos que creían en aquel entonces, ¿no haría lo mismo hoy? Si El no lo hiciera, entonces El es un Dios "que fue" y no el Dios "que es". Estoy muy gozoso al repetir lo que Dios dijo por Malaquías: "*YO JEHOVA, no cambio*" (Mal. 3:6). Pablo dijo: "Jesucristo es el mismo ayer, y hoy, y por los siglos" (He. 13:8), y este mismo Jesús es quien habló a Juan en Patmos diciendo: "*YO SOY . . . el que VIVO*, y estuve muerto; mas he aquí que VIVO POR SIGLOS DE LOS SIGLOS, amén. Y tengo las llaves de la muerte y del Hades" (Ap. 1:18).

Si Dios no quisiera sanar a TODOS los enfer-
mos, entonces seguramente no quisiera salvar a
TODOS los pecadores, porque todos los peca-
dos y todas las enfermedades fueron llevados por
Cristo en el Calvario. Que Dios DESEA SAL-
VAR A TODOS los pecadores es probado por la
Escritura que dice: "Porque de tal manera *amó
DIOS al mundo* (a toda persona en el mundo),
que ha dado A SU HIJO UNIGENITO . . .",
(Juan 3:16).

Y el profeta Isaías, quien nos dió un retrato tan
claro del sacrificio del Calvario, dice: "Ciertamente llevó él (Jesús) nuestras enfermedades
(las suyas y las mías), y sufrió nuestros dolores
(los suyos y los míos); y nosotros (usted y yo) lo
tuvimos por azotado, por herido de Dios y aba-
tido. Mas él herido fue por *nuestras* rebeliones,
molido por nuestros pecados (los suyos y los
míos); el castigo de nuestra paz fue sobre él
(la suya y la mía); y por su llaga fuimos *nosotros*
(usted y yo) *curados*" (Isaías 53:4-5).

La redención que Cristo proveyó fue para TO-
DOS, o no fue para NADIE. Para Dios no hay
acepción de personas. Todos los que fueron
mordidos por las serpientes en el desierto, si
miraban a la serpiente de bronce, vivían (Nm.
21:8). Y así es ahora, todos los que miren a
Cristo se sanarán (Juan 3:14-15). Esto es, cualquiera y TODOS los que creyeren. Dios dijo que
si hacemos acepción de personas, pecamos.
¿Cree Ud. que Dios violaría SU propia ley?
¡Nunca! Todos somos considerados iguales.

Los padres a veces muestran favoritismo para
con sus hijos, pero no es así con Nuestro Padre
Celestial; al cumplir el mismo requisito, recibi-

este sermón con lo que dice la Biblia, y cuando descubra que los hechos son verdaderos, atesórelos y principie a vivir conforme a estas verdades.

El Reverendo F.F. Bosworth, quien ha dirigido algunas de las campañas más grandes de curación divina en la historia de los E.E.U.U.A. y del Canadá, dice: "Todo cristiano puede llegar a ser domador de demonios de la noche a la mañana comprendiendo bien claro las obras de los demonios y su derrota legal en el Calvario".

Que Dios bendiga el mensaje que sigue para el beneficio de su corazón y su vida es mi oración sincera y humilde,   *Sra. T.L. Osborn*

Segunda Parte: Lectura Bíblica

"Después de estas cosas el Señor designó aún otros setenta, los cuales envió de dos en dos delante de sí, a toda ciudad y lugar a donde él había de venir. Y les dijo: . . . en cualquier ciudad donde entraréis . . . sanad los enfermos que en ella hubiera . . . y volvieron los setenta con gozo diciendo: Señor, aún los *demonios se nos sujetan en TU NOMBRE.* Y les dijo: Yo veía a satanás, como un rayo, que caía del cielo. He aquí os doy potestad de hollar sobre las serpientes y sobre los escorpiones (dos seres simbólicos del diablo), y sobre toda fuerza del enemigo; y nada os dañará. Pero no os regocijéis de que los espíritus se os sujetan, sino regocijaos de que vuestros nombres están escritos en los cielos. (Es decir que lo más importante no consiste en que se pueda echar fuera a los demonios en el Nombre de Jesús, sino en que los perdidos puedan ser salvados. Aunque el objetivo principal de este ministerio no consiste en echar fuera

los demonios sino en predicar el Evangelio a
los perdidos; sin embargo, para tener éxito en
predicar el Evangelio con potestad y demos-
tración del Espíritu Santo, es de importancia
esencial que se tenga autoridad sobre la maldad
satánica, y habilidad en ejercitar esta autoridad)" (Lucas 10:1-2, 7-9, 19-20).

Dos grandes poderes luchan para sujetar al
hombre. Jesús los describió cuando dijo:
1. "El ladrón (hablando de satanás) no viene
   sino para hurtar y matar y destruir;"
2. "Yo he venido para que tengan vida, y para
   que la tengan en abundancia" (Juan 10:10).

Pedro dijo:
1. "Vuestro adversario el diablo, como león
   rugiente, anda alrededor buscando a quien
   devorar;" (1 Pedro 5:8).
Mas Juan dijo:
2. "Para esto apareció el Hijo de Dios, para
   deshacer las obras del diablo" (1 Jn. 3:8).

Tercera Parte: ¿Qué Son los Espíritus Malos?

Los demonios son personalidades verdaderas,
que son malvados, malignos y destructivos. Los
espíritus demoniacos son personalidades lo
mismo que los espíritus humanos son personalidades. Los demonios *son* espíritus que no tienen
cuerpos en que morar. Nosotros somos espíritus
con cuerpos. Nuestros espíritus son de Dios; los
espíritus demoniacos son de satanás.

Una comprensión clara de la diferencia entre el
espíritu y el cuerpo le ayudará a comprender
mejor la obra de los demonios.

Diferencia Entre el Cuerpo y el Espíritu

Yo *tengo* un cuerpo, pero *soy* un espíritu. Yo (mi espíritu) mora en mi cuerpo. Yo me expreso (o mi espíritu) por las facultades de mi cuerpo. Otro puede ver mi cuerpo, pero no puede verme a *mí*, porque el verdadero "YO" es un espíritu morando dentro de este cuerpo mío. Mi cuerpo es simplemente la casa donde YO (mi espíritu) vivo. Algún día, mi cuerpo morirá y se tornará polvo, pero YO (mi espíritu) nunca morirá. Yo volveré a Dios de donde vine a esta casa de barro, llamado mi cuerpo.

Yo (mi espíritu) soy una personalidad. Yo me expreso con mi cuerpo. Si me quitaran el cuerpo, yo (mi espíritu) no podría expresarse. Si me cortaran la lengua, *mi espíritu* no podría hablar. Si se me destruyeran los oídos, *yo* no podría oir. Si me sacaran los ojos *yo* no podría ver. Aunque mis ojos fueron ciegos, mis oídos, sordos, y mi lengua cortada y quitada, todavía *mi espíritu* estaría en el cuerpo, pero no podría ver, oir ni hablar. Y así sería muy dificultoso expresarme.

Luego, aúnque prosiguieran a cortarme las piernas y los brazos, y me destruyeran el olfato y las cuerdas vocales, todavía no habrían destruido mi espíritu, pero mi espíritu ya no podría expresarse. Mi espíritu todavía tiene un cuerpo, pero sus facultades de expresión han sido destruídas. Ahora, puede comprender lo que quiero decir cuando hablo de la diferencia entre el espíritu y el cuerpo, o sea la diferencia entre *yo* y mi cuerpo.

Los Demonios Desean Expresarse

Los demonios son espíritus malos sin cuerpo para expresarse. Anhelan expresarse en este mundo, pero no lo pueden hacer hasta que estén en posesión de algún cuerpo. Ahora usted puede comprender por qué el espíritu malo que fue echado del cuerpo del hombre en la Biblia, no tuvo descanso y no pudo estar satisfecho, porque era un espíritu de satanás, enviado para destruir y matar, y cuando no pudo expresarse en un cuerpo, fue atormentado hasta que él, con la ayuda de otros siete espíritus más malos que él mismo, pudo entrar otra vez al hombre y otra vez hallar expresión del odio y de la destrucción (Mateo 12:43).

Recuerde que dije que un demonio es una personalidad; un espíritu igual que usted y yo. Y así como usted anhela hacer bien, hablar palabras bondadosas, oir música, ver las flores, expresarse en las conversaciones y responder a cada impulso con alguna expresión, asimismo los espíritus malos anhelan expresarse. Pero como no tienen cuerpos propios, tienen que andar por el mundo buscando algún *cuerpo* en el cual puedan entrar y hallar expresión para desempeñar su misión de maldad.

Los demonios se deleitan en usar los labios o la pluma de los hombres para lograr sus nefastas obras. No tienen poder para corromper, destruir o perder al hombre, sino por el uso del mismo hombre como su instrumento.

Dios tiene que usar instrumentos humanos, ungidos del Espíritu Santo, para bendecir, inspirar, animar, y alzar los que necesitan Su Divina ayuda. Las Sagradas Escrituras fueron escritas por HOMBRES Santos de Dios que fueron inspirados por el Espíritu de Dios. El mensaje de "Buenas Nuevas" tiene que ser divulgado por labios *humanos*. Dios usa los instrumentos *humanos* para ministrar a la familia humana, y satanás usa instrumentos humanos para destruir a la familia humana.

Es una lástima que los hombres se rindan al diablo para servir como medio por el cual su propia hermandad es destruída.

¡Cuántas veces utiliza satanás a algún vil hombre o mujer para viciar a un niño o niña inocente, y luego envía a aquel niño o niña como su misionero a las escuelas públicas y universidades para corromper las mentes de otros que son todavía inocentes! ¡Cuántas veces se corrompe a niñitos y niñitas y se les quita su pureza de corazón antes de llegar a la escuela secundaria; no se deja nada limpio y santo para ellos!

Los santos secretos de la vida son todos arrastrados por la inmundicia y el fango de las conversaciones y sugerencias viles y aquellos inocentes niñitos vuelven cicatrizados para siempre por la contaminación satánica.

Quién es Satanás

Satanás es el ser que gobierna la tierra, que ocupa el puesto de príncipe de las naciones. Es el autor de todas nuestras miserias y angustias; de nuestras enfermedades y dolencias; sí, y de la misma muerte. El es rey y gobernador a las multitudes tenebrosas del infierno.

Su mayor deseo y propósito es de destruir las

vidas humanas y por lo consiguiente traer la tristeza al corazón de Nuestro Padre Dios.

Podemos comprender mejor quién es satanás por sus nombres escritos en la Biblia. En Mateo 13:19 y 38, se le llama *"el malo"*. En versículo 39, se le llama *"el enemigo" y el diablo"*. El nombre diablo quiere decir *"el Acusador" "calumniador"* o *"infamador"*. En Apocalipsis 12:10 se le llama *el acusador de los hermanos"*. En 1 Pedro 5:8 se le llama el *"Adversario"* comparado a un *"león rugiente,* buscando a quien devorar"*. En Ap. 20:2 se le describe por un grupo de nombres casi demasiado horribles para contemplar: *"el dragón, la antigua serpiente, que es el diablo y satanás"*. En Juan 8:44 es llamado por Jesús un *"homicida", un "mentiroso"* y *"el padre de mentira"*. En Mateo 4:3 se le llama el *"tentador"*. En Mateo 12:44, el *"príncipe de los demonios"*. En Efesios 2:2 el *"príncipe de la potestad del aire"*. En Juan 14:30, *"príncipe de este mundo"*. En 2 Co. 11:3, el *"corruptor"* de las mentes.

Cada uno de estos nombres, y muchos más, nos muestran la terrible naturaleza de satanás y de su ejército de *malos espíritus*. Satanás gobierna a estos espíritus mientras trabajan día y noche en sus complots nefastos de destruir y malograr las maravillas y la hermosura de la creación de Dios.

El Hombre . . .
La Adquisición Favorita de los Demonios

Como el cuerpo *humano* tiene las más ámplias posibilidades de expresión, siendo el único hecho a la semejanza de Dios, los demonios buscan como su premio supremo, una entrada en los *cuerpos humanos*. En el cuerpo de un hombre o mujer, los demonios tienen la más amplia esfera de manifestación o expresión. Pero cuando no pueden hallar esta estimada posesión en que morar, entonces un cuerpo de menor esfera de expresión será utilizado. Pero una cosa es cierta, no pueden descansar sin estar en posesión de algún cuerpo por el cual pueden expresarse.

Tal vez puede comprender mejor ahora por qué, cuando Jesús fue a echar fuera la legión de demonios del maniático, los demonios le rogaron, diciendo: "permítenos ir a aquel hato de *puercos*". y al ser echados fuera del hombre, entraron en todo el hato de puercos y todo el hato de puercos se precipitó por un desempeñadero en el mar y murieron en las aguas.

Diferentes Clases de Malos Espíritus

Ya que los malos espíritus son verdaderas personalidades, *manifiestan su propia personalidad en las personas a quienes poseen*.

Hay varias clases, o tipos de los malos espíritus, así como hay distintas naturalezas en los seres humanos. En la Biblia se hace mención de muchas distintas clases de demonios (o malos espíritus) que están trabajando, algunas de las cuales vamos a discutir más tarde.

La Tragedia de la Ignorancia

Una tragedia es que no se les haya enseñado a los cristianos lo que la Biblia claramente explica acerca de la obra de los demonios. Casi lo único que se oye tocante a los demonios es que son "sombras", "fantasmas" y "apariciones", algo que se teme secretamente pero nunca se men-

ciona. La mayoría de la gente ha sido persua-
dida que debe temer a los demonios (si hay tales
cosas?) *todo por causa de falta de comprensión
acerca de los demonios y de su derrota legal.*

Hasta que llegué a comprender lo que son los
demonios y cuál es su obra; de satanás y de su
derrota, yo temía hablar o predicar contra
ellos. Pero ahora que comprendo su obra, he
perdido todo temor de ellos y al contrario,
ahora *ellos me temen a mí.*

Algunos han dicho equivocadamente que no hay
tales cosas como demonios hoy día; que el título
es solamente una metáfora. Pero esto no es
cierto. La Biblia es tan clara y definitiva en sus
enseñanzas acerca de los demonios, como lo es
acerca de los ángeles. Los dos son existentes y
verdaderos hoy día. No se ha de temer ni a los
unos ni a los otros, sino que se ha de comprender a los dos.

Quisiera yo darles unos cuantos ejemplos de
como los demonios nos han desafiado aún re-
cientemente en nuestro propio ministerio,
exactamente como lo hicieron en los días bíblicos, lo cual es prueba de su *existencia* y de sus
obras hoy día.

Cuarta Parte:
Manifestaciones de Malos Espíritus

1. Los Demonios Hablan

Muchas veces se hace mención en la Biblia de
demonios que hablan. Hablan por las facultades
de una persona que han poseído, precisamente
como el espíritu de Ud. (o sea USTED) habla

por su propia lengua y sus cuerdas vocales. Los espíritus no pueden hablar sin lengua, así como *usted* no podría hablar si no tuviera lengua.

"Porque había sanado a muchos; de manera que por tocarle, cuantos tenían plagas caían sobre él. Y los *espíritus inmundos*, al verle, se postraban delante de él, y *daban voces, diciendo:* Tu eres el Hijo de Dios" (Marcos 3:10-11).

"Al ponerse el sol, todos los que tenían enfermos de diversas enfermedades los traían a él; y El, poniendo las manos sobre cada uno de ellos, los sanaba. También salían *demonios* de muchos, *dando voces y diciendo:* Tú eres el Hijo de Dios" (Lucas 4:40-41).

"Y se admiraban de Su doctrina; porque les enseñaba como quien tiene autoridad, y no como los escribas. Pero había en la sinagoga de ellos un hombre con *espíritu inmundo*, que *dio voces, diciendo:* ¡Ah! ¿qué tienes con nosotros, Jesús nazareno? ¿Has venido para destruirnos? Sé quién eres, el Santo de Dios. Pero Jesús le reprendió, diciendo: ¡Cállate, y sal de él! (Marcos 1:22-25).

Estas y muchas más Escrituras nos demuestran cómo los espíritus malos que habían poseído a ciertas personas, hablaron y conversaron con aquellos que habían venido a echarlos fuera.

En cierta ciudad, un hombre trajo a su esposa para ser sanada y librada del poder del diablo que la tenía sujetada. Me dijeron que no se podría traerla al servicio y por lo tanto la tenían en un cuarto a un lado del edificio donde se efectuaban los servicios.

Al pasar por la puerta de ese cuarto, vi a una
mujer muy grande y alta sentada en una silla
con la espalda hacia la puerta. Pesaba por lo
menos 250 libras y era muy fuerte.

Al entrar en el cuarto, ella volvió rápidamente
y fijó la vista en mis ojos con una mirada hosca y
temible, y dijo al levantarse de su silla: "Pues, yo
le conozco a Ud. Me dijeron esta mañana que me
encontraría con el siervo verdadero del Dios
Omnipotente". (Quedó asombrada la familia
de ella porque no le habían mencionado ni una
palabra acerca de llevarla a la iglesia o a un hombre quien oraría por ella, porque odiaba todas
las reuniones religiosas).

Los demonios tenían miedo y por eso, procuraron mostrarse religiosos. (Lea Ud. la historia
de la mujer endemoniada que seguía a Pablo y
Silas gritando: "Estos hombres son siervos del
Dios Alto" (Hechos 16:17).

Cuando los demonios hablaron así, el Espíritu
del Señor se movió dentro de mí con indigna-
ción ante el reconocimiento hosco que los demonios me hicieron, y yo dije: "Sí, esos demonios
le dijeron la verdad. Usted se ha encontrado con
un siervo verdadero del Dios Altísimo, y les
ordeno en el *Nombre de Jesucristo* que salgan de
la mujer ahora y la dejen para que pueda volver a
ser sana y normal. Salgan de ella *ahora*, les
mando".

Los demonios me obedecieron, y la mujer fue
librada y pronto estaba con sus brazos alrededor
de su feliz esposo llorando con lágrimas de gra-
titud por lo que Dios había hecho por ella.

2. Los Demonios son Inteligentes

En una ocasión cuando Jesús se encontró con dos hombres endemoniados saliendo de entre las tumbas, y cuando estaba para echarlos fuera, ellos gritaron: "¿Qué tienes con nosotros, Jesús, Hijo de Dios?, ¿Has venido acá para atormentarnos antes de tiempo?" (Mateo 8:29). "¿Qué querían decir los demonios con ¿has venido acá para ATORMENTARNOS antes de tiempo?" ¿De qué TIEMPO hablaron?

Los demonios saben que el lago de fuego (el infierno) fue preparado para el diablo y sus ángeles y el día vendrá cuando "el diablo . . . fue lanzado en el lago de fuego y azufre, donde estaban la bestia y el falso profeta; y serán atormentados día y noche por los siglos de los siglos". (Ap. 20:10), juntamente con "los cobardes e incrédulos, los abominables y homicidas, los fornicarios y hechiceros, los idólatras y todos los mentirosos" (Ap. 21:8), y con "el que no se halló inscrito en el libro de la vida" (Ap. 20:15).

Por eso, sabiendo todo ésto, temblaron delante de Jesús, y gritaron: "¿has venido acá a ATORMENTARNOS ANTES DEL TIEMPO?".

Los demonios tienen miedo. Tiemblan hoy día delante de los siervos ungidos de Dios. Porque *saben* que a nosotros ha sido dada potestad sobre ellos en el Nombre de Jesús, y que tienen que obedecernos. Por eso, las personas endemoniadas a menudo se muestran violentas y extrañas cuando están en camino a los servicios de las campañas religiosas. Aunque puede ser que la persona no sepa nada acerca del lugar a donde están llevándole, los demonios son inteligentes,

y saben que están llevándole a la Presencia de la
Palabra de Dios y del siervo de Dios quien tiene
poder y autoridad sobre ellos.

Ahora, probablemente puede usted comprender
mejor por qué hay tantos totalmente sordos que
han sido completamente curados mientras estaban nada más que sentados o parados en el auditorio, mientras la Palabra de Dios fue predicada.
Aunque la *persona* sorda no pudo oir el sermón,
sin embargo, el *espíritu* sordo se dió cuenta de
que su derrota fue cierta, y temiendo parar en la
presencia de la Palabra de Dios y del siervo
ungido de Dios, huyó y dejó al cuerpo que había
poseído, y entonces la persona sorda pudo oir.
La misma cosa es verídica en otras clases de enfermedades.

Algunas personas trajeron a una mujer endemoniada a uno de nuestros servicios para que orára-
mos por ella, y al entrar en el salón a la entrada
del auditorio, la Sra. Osborn por casualidad,
estaba parada hablando con alguien en la entrada,
apretada de gente. La mujer endemoniada principió a portarse muy extraño con los que la trajeron. *Los demonios*, por supuesto, *supieron que
alguien con el conocimiento de la derrota de
satanás estaba cerca*. Esta mujer echó una mirada
rápida alrededor de sí, y luego fijó la vista en la
Sra. Osborn. Ella miró a la Sra. Osborn con una
mirada fija y sus ojos se pusieron bravos y sal-
vajes, y alzando la mano señaló a mi esposa con
estas palabras: "Yo la conozco, y no quiero
tener nada que ver con usted". Entonces echó
maldiciones con las palabras más viles mientras
la llevaban dentro del auditorio. Más tarde,
aquella noche, la Sra. Osborn y yo llevamos a
la mujer a un cuarto y oramos por ella, donde

5. Puesto que los siete nombres compuesto de Jehová, uno de los cuales es Jehová-Rapha (Yo Soy Jehová tu Sanador"), revelan Su relación *redentora* hacia todo ser humano, ¿no demuestran una relación con el Calvario? (Ex. 15:26).

6. Ya que todas las promesas de Dios son inherentes en El, ¿no deben su existencia y su poder estos siete nombres (incluso Jehová-Rapha, Jehová nuestro Sanador) a la obra de redención de Cristo en la Cruz?

7. ¿No tiene todo creyente el mismo derecho redentor de apelar a Cristo con el nombre de JEHOVA-RAPHA (el Sanador de su *cuerpo)* como de apelar a El con el nombre de JEHOVA-TSIDKENU (el Sanador de su *alma)?* ¿No se nos da Su nombre igual para la sanidad que para la salvación?

8. En el pasaje: "Ciertamente llevó El nuestras enfermedades y sufrió nuestros dolores" (Isaías 53:4), ¿por qué se emplean los mismos verbos hebreos para traducir *"llevó"* y *"sufrió"* que se emplean en los versículos 11 y 12 para indicar que Jesús sirvió como substituto para llevar nuestros pecados, a menos que indiquen también substituto y expiación?

9. Si no se proveyó la sanidad para *todos* en la redención, ¿cómo recibieron las *multitudes* de Cristo lo que Dios no proveyó?

10. Si el cuerpo no se incluyó en la *redención,* ¿cómo puede haber una *resurrección* o cómo puede la corrupción investirse con la incorrupción, o la mortalidad investirse con la inmortali-

dad? ¿No ha gozado la gente de Dios en toda la historia de los goces anticipados de nuestra redención venidera?

11. ¿Por qué no puede el "ULTIMO Adán" quitar todo lo que el *primer* Adán nos causó?

12. Ya que la Iglesia es el cuerpo de Cristo, ¿quiere Dios que el cuerpo de Cristo esté enfermo? ¿No es su voluntad sanar cualquier parte del cuerpo de Cristo? Si no, ¿por qué ordena que *"cualquier enfermo"* en ese cuerpo sea ungido para la sanidad?

13. ¿Son las imperfecciones humanas de cualquier especie, sean físicas o morales, la *voluntad de Dios*, o son *errores del hombre?*

14. Ya que "el cuerpo es para el Señor, un sacrificio vivo a Dios", ¿no preferiría tener un cuerpo sano más bien que uno estropeado? Si no, ¿cómo puede hacernos *"perfectos en toda buena obra para hacer Su voluntad"* o cómo puede tenernos "completamente preparados para *toda buena obra"?*.

15. Puesto que la sanidad del cuerpo en el Nuevo Testamento fue llamada una *gracia* (merced), y fue la gracia y la compasión que hizo que Jesús sanara a todos los que vinieron a El, ¿no es efectiva todavía la promesa de Dios? "El es generoso en su misericordia a todos los que llaman a El".

16. ¿No ofrece la revelación del *glorioso* Evangelio tanta gracia y compasión a los que sufren como las revelaciones más *sombrías?* Si no, ¿por qué retiraría Dios esta gracia y este privilegio del

Antiguo Testamento de una revelación *mejor* con su "Pacto *mejor*"?.

17. Si Dios tiene hoy día, como enseñan algunos, otro método para nuestra sanidad, ¿por qué adoptaría Dios un método menos satisfactorio para nuestra *mejor* dispensación?

18. Puesto que Cristo vino para hacer la *voluntad del Padre*, ¿no fue una revelación de la voluntad de Dios para nuestros cuerpos el que sanara a todos los enfermos que vinieron a El?

19. ¿No dijo Jesús enfáticamente que continuaría sus *mismas obras* para contestar nuestras oraciones mientras está con el Padre (Jn. 14: 12-13)? Y esta promesa, ¿no es una contestación completa a todos los que tengan duda?

20. Si el Espíritu Santo sanó a todos los enfermos antes de que empezara Su revelación, ¿por qué haría menos después de que entró en su obra el Día de Pentecostés? ¿O, es que el HACEDOR DE MILAGROS entró en el oficio para terminar con los *milagros?*

21. ¿No es el libro de los Hechos del Espíritu Santo una revelación del método que El quiere que *continuemos usando* en la Iglesia?

22. ¿Cómo puede Dios justificarnos y al mismo tiempo exigir que quedemos bajo la maldición de la ley, de la cual nos redimió Jesús llevándola por nosotros en la Cruz?

23. Puesto que "el Hijo de Dios fue manifestado para que pudiera destruir las obras del Diablo", ahora ¿ha abandonado este propósito que con-

servaba aún mientras sudaba sangre en Gethse-
maní y sufría los tormentos del Calvario? *¿O
quiere ahora que las obras del diablo en nuestros
cuerpos sigan con los efectos que antes quería
destruir?* ¿Quiere Dios que exista "un cáncer",
"una plaga", "una maldición", "las obras del
diablo" en los miembros de Cristo?" (1 Co. 6:15).

24. Si se emplearan las mismas razones que usan
contra la sanidad divina, basándose en sus fracasos, para atacar la justificación, la regeneración,
y todo lo demás, no se consideraría como sin
razón?

25. El que Cristo no podía llevar a cabo un milagro en Nazaret ¿no prueba solamente *la falta de
fe de parte de la gente?* ¿O sería justo pensar que
por el fracaso de los discípulos de Cristo en sus
tentativas de echar fuera el espíritu epiléptico,
que *no era la voluntad de Dios* librarlo? Cristo
probó, sanándole, que *es la voluntad de Dios
sanar aún a los que no quieren recibirlo* (Mc. 9).

26. ¿No está Dios tan dispuesto a mostrar la
gracia de la sanidad a los que le *adoran* como a
mostrar la gracia del perdón a Sus *enemigos?*

27. Si Pablo (como dice un ministro de Nueva
York) *"era el más enfermo de los hombres, sufriendo de la oftalmia de los ojos"*, o si, como
enseñan otros, su *"espina en la carne"* era una
debilidad *física*, y no lo que Pablo mismo dijo
que era *"el ángel de satanás"*, causándole los
numerosos sufrimientos que Pablo describe,
¿cómo podía trabajar *más efectivamente que
todos los otros apóstoles?* O ya que tenía fuerzas para trabajar más que todos los otros, ¿cómo
podían ser *físicas* sus *"debilidades?"*. Ya que *"la*

espina" de Pablo no estorbó su fe para la sanidad universal de *"todos los demás enfermos en la Isla"* de Melita (traducción de Moffatt), ¿por qué ha de estobar *la nuestra*? ¿No estorbaría la fe universal de estos gentiles para su sanidad el que *Pablo* dejó de ser sanado, *si* estaba enfermo? ¿Por qué ponen los maestros tradicionales *"oftalmia de los ojos"* o enfermedad (Pablo no menciona ni la una ni la otra) en vez de los *"regaños"*, *necesidades"*, *"persecuciones"*, *"angustias"*, y todos los otros sufrimientos causados por los *ángeles de Satanás*, los cuales *sí* menciona. Si aquellos son su *"espina"*, ¿por qué no dice que goza de aquellos en vez de estos. ¿Cómo podía Pablo, enfermo del cuerpo, o con la horrible enfermedad de *"oftalmia de los ojos"*, y sin poder ser curado, "hacer obedientes a los Gentiles con las palabras y con las obras, con potencia de *milagros y prodigios?*" (Romanos 15:18-19).

28. Si la enfermedad es la VOLUNTAD DE DIOS, ¿entonces no sería un violador de la ley cada médico, no trabajaría cada enfermera contra la voluntad del Todopoderoso, no sería cada hospital una casa de rebelión en vez de una casa de misericordia, y en vez de apoyar los hospitales, ¿no deberíamos entonces hacer lo más posible para clausurarlos?

29. Puesto que Jesús en los Evangelios no comisionó a nadie para predicar el Evangelio sin mandarles que *curasen a los enfermos*, ¿cómo podemos obedecer este mandato si no hay ningún Evangelio (buenas noticias) de la sanidad que se puede pregonar a los enfermos como una base para su fe? O, ya que la fe consiste en esperar

que Dios cumpla con su promesa, ¿cómo puede
haber fe para la sanidad si Dios no lo ha prometido? Y ya que la Biblia está llena de promesas
de sanidad, ¿no son todas *Evangelio* (buenas
noticias) para los enfermos? Puesto que "la fe
viene por el oir la Palabra", ¿cómo pueden los
enfermos tener fe para la sanidad si no hay nada
que oigan?

30. ¿Podía el amante corazón del Hijo de Dios,
Quien *tuvo compasión de los enfermos* y curó a
todos los que tenían necesidad de ser curados,
dejar de considerar los sufrimientos de los suyos
cuando está exaltado a la mano derecha del
Padre?

11

LA ORACION DE FE

El Apóstol Santiago dice: *"La oración de fe salvará al enfermo y el Señor lo levantará"*. . . Esta promesa fue hecha a "CUALQUIERA" que estuviera enfermo (Santiago 5:14-15). Me maravillo cada vez que pienso en estas dos palabras tan grandes y gloriosas, palabras que marchan al unísono al través de las páginas de la verdad bíblica. Ellas constituyen el "QUIEN-QUIERA" de la salvación y el "CUALQUIERA" de la sanidad divina. Si una de estas dos palabras no le incluye a usted . . . o a cualquier otro, entonces yo mismo no comprendo mi propio idioma. Por otra parte, si la palabra "QUIEN-QUIERA" le incluye a usted y a cualquier otro, entonces tenemos que confesar que Dios tiene el deseo de que Ud. sea sanado.

"LA ORACION DE FE" no puede ser ofrecida mientras usted se esté preguntando si Dios quiere hacer lo que le está pidiendo que haga. La fe verdadera viene por el oir la Palabra de Dios, eso es, por oir a Dios decir por Su Palabra lo que El quiere hacer. Entonces orando "la oración de fe" es simplemente pedir a Dios que haga aquella cosa que usted está convencido que

El quiere hacer, pero que no puede hacer hasta que usted se lo haya pedido con fe. Si Dios quiere que Ud. esté enfermo, no es posible hacer "la oración de fe". Si Dios desea que usted esté enfermo, entonces es un error pedirnos que oremos por su sanidad, porque usted no debería desear cambiar lo que Su Padre Celestial desea para usted. Tampoco debería usted buscar ayuda de los doctores y enfermeras, o de cualquier otra clase de ayuda médica, porque al hacerlo así, usted en efecto estaría diciendo: "Es Tu deseo, oh Señor, que yo esté enfermo, pero yo voy a llamar un médico (o voy a hacer algo más) para poder evitar que se haga Tu voluntad". Para seguir perfectamente la lógica, si cree usted que Dios no quiere que usted sea sanado, usted no debería hacer esfuerzo alguno por ponerse bien, sino al contrario debe resignarse a su "suerte" para decir al mundo que está "SUFRIENDO" enfermedades por el amor del Señor Jesucristo. Pero, ¿cuándo dijo Dios que quería que usted sufriera la enfermedad por El? Por el contrario, *El sufrió la enfermedad por Ud.*

"La oración de fe" puede ser hecha solamente cuando usted sabe que le está pidiendo a Dios algo que usted está seguro que El hará. Cada promesa es una revelación directa de lo que El está ansioso de hacer para nosotros, así es que esté seguro de que El desea sanar su cuerpo, y sabiendo esto, Ud. debe estar en condición de ejercitar su fe para el cumplimiento de la promesa de Dios que dijo: "Yo soy Jehová tu Sanador" (Exodo 15:26).

Si usted cree en verdad que puede ser que Dios quiera que esté enfermo, y duda Su deseo de sanarle, entonces yo le sugería que se calmara

y se resignara a su suerte. Si es que Dios no
desea sanarle y usted desea cumplir con Su voluntad sobre todas las demás cosas del mundo,
yo no consideraría prudente que se pusiera en
las manos de un médico, que inmediatamente
trataría de quebrantar la voluntad de Dios en
cuanto a usted. Ojalá que El pueda ayudarle a
entender estas cosas desde el punto de vista de
la Biblia.

¿Cuándo Responderá Dios?

Al considerar el orar "la oración de fe", la que
NO se puede hacer hasta que sepa lo que Dios
quiere, notemos algunas de las promesas en la
Biblia que Dios nos ha dado, y veamos si está
bien orar "la oración de fe", y entonces dejar a
Dios los resultados.

Me permito indicar aquí que muchos tienen la
idea de que orando "la oración de fe" traerá
una contestación manifiesta e *inmediata*. Ellos
creen que a menos que no se manifiesten resultados al *instante*, "la oración de fe" no ha sido
hecha. Un gran porcentaje de las "sanidades" no
han sido logradas por el mero hecho de que el
que oraba demandara manifestaciones inmedia-
tas. Orar "la oración de fe" no significa necesariamente que la respuesta se vea o se sienta inmediatamente. Es la oración que ofrece el que
sabe cual es el deseo de Dios en su caso y así
está absolutamente seguro de que Dios ha escuchado su oración y que sabe además que Dios
está comprometido por medio de Su pacto a
contestar y manifestar los resultados pedidos.
Esto Dios lo puede hacer instantáneamente o
gradualmente, pero una cosa es cierta: *DIOS
CONTESTARA "La oración de fe"*.

Cuando se hace la oración de fe y la enfermedad es reprendida el caso queda en las manos del Señor, y El se encarga de llevar a cabo la sanidad. No importa que se efectúe instantánea o por medio de un mejoramiento paulatino: Su Palabra es cierta y nos toca a nosotros creer y no dudar, confiando en que El quita la enfermedad por completo.

La Fe y Nuestros Cinco Sentidos

Nuestros sentidos nada tienen que ver con la FE y la FE debe hacer caso omiso de los sentidos. Esta verdad es la más difícil de todas las que tienen que ver con la fe, para la comprensión de la gente, y sin embargo es tan vitalmente importante que raras veces se consigue algo de Dios sin comprenderla. Si usted ha de andar por la FE, no puede andar por la VISTA. Si usted ha de considerar que la Palabra de Dios es verdad, entonces no puede considerar que la evidencia de sus sentidos sea verdad, *cuando ésta contradiga la Palabra de Dios.* Si usted ha de creer la Palabra de Dios, entonces tiene que hacer caso omiso de sentidos. El sentir, el oler, el gustar, el oir y el ver son sentidos que el hombre *natural* tiene que usar. La Palabra de Dios y la FE son los dos factores que el hombre *espiritual* tiene que usar. El hombre *natural* camina por sus *sentidos*, pero el hombre *espiritual* camina por su *fe en la Palabra de Dios* (2 Co. 5:7).

El ver y el sentir pertenecen al hombre natural. La fe pertenece al hombre sobre-natural. Todo cristiano es un hombre sobre-natural.

Para muchos no es razonable descartar los sentidos cuando se ejercita la fe. Ellos los consideran como pruebas concluyentes y finales desde hace tanto tiempo que les es en extremo difícil creer que *hay otras pruebas además de los cinco sentidos naturales.*

Hemos sido enseñados que el tribunal supremo de apelación es el sentido de la vista. *"Ver es creer"* hemos dicho siempre. Hemos dejado de tomar en cuenta la fuente más alta de los conocimientos. Estos conocimientos más altos son la *revelación* de la *Fe* vienen por la Palabra de Dios y la oración. LA PALABRA DE DIOS debe ser el tribunal supremo de apelaciones para el cristiano . . . el super-hombre. Nosotros colocamos Su Palabra por encima de las pruebas de nuestros sentidos naturales. *Podemos aceptar las pruebas de nuestros sentidos naturales por ciertos hasta que contradigan la Palabra de Dios;* entonces hacemos caso omiso de nuestros sentidos y creemos la Palabra de Dios.

Muchos dicen, "Ver es creer", pero de acuerdo con la Palabra de Dios, "Creer es ver".

Otros dicen, "Yo no lo creeré hasta que lo vea". Les contesto: "Usted nunca lo verá hasta que lo crea". Tan pronto lo crea, Dios se complace en permitirle que lo vea ya que la "fe es la certeza de lo que se espera, la convicción de lo que no se ve" (Hebreos 11:1). La fe trae a la vista las cosas que no se ven, y hace palpable las cosas que no eran.

Le agrada a Dios cuando toma en cuenta Su Palabra; le agrada cuando base su fe exclusivamente en Su PALABRA DE PROMESA. LA FE EN SU PALABRA siempre le agrada al Padre.

Cuando Jesús estaba aquí hecho carne, El reconoció las pruebas de los sentidos, pero nunca se dejó DOMINAR por ellos. Los sentidos eran sus "siervos". El vivía por encima de ellos. El mandó que el ciego fuese sanado y el leproso limpiado cuando aparentemente estaban todavía ciego y leproso. El mandó que las cosas fuesen como no lo eran en realidad y así sucedió. Un día Jesús maldijo la higuera y sus raices se secaron. Pero su muerte no se hizo evidente hasta el otro día, cuando se vió que se había secado desde las raíces hasta arriba . . . nótelo bien . . . desde las raíces *invisibles* hacia arriba y no desde sus ramas *visibles* hacia abajo (Marcos 11:20).

Nuestros sentidos controlan al hombre natural en un mundo natural, pero para recibir las bendiciones del mundo espiritual, la FE controla al hombre espiritual. *Podemos aceptar las pruebas de nuestros sentidos como la verdad mientras éstos no contradigan la Palabra de Dios. Pero cuando la Palabra de Dios difiera de nuestros sentidos, tenemos que ignorar entonces la evidencia de nuestros sentidos y ACTUAR CONFORME A LA PALABRA DE DIOS.* Cuando hacemos esto, el Padre honrará Su Palabra y la cumplirá en nuestras vidas.

Estemos siempre muy seguros cuando creemos en Dios, no importa cuán convincentes sean las pruebas de nuestros sentidos. Lo que Dios dice siempre es verdad. "Antes bien sea Dios veraz, y todo hombre mentiroso" (Ro. 3:4). *Los conocimientos de los sentidos son MENTIRAS, cuando no están de acuerdo con la Palabra de Dios.* Y cuando andamos por el camino de la fe, nos deleitamos en echar a un lado los sentidos y nos gozamos en las abundantes bendiciones que nos provee el Padre Celestial.

La Fe de Abraham

Yo creo que la lección más grande que podría uno estudiar sobre este tema es la que trata de la FE de Abraham. Leemos en Ro. 4:18-21: "El creyó en esperanza contra esperanza, para llegar a ser padre de muchas gentes, *conforme a lo que se le había dicho:* Así será tu descendencia. Y no se debilitó en la Fe *al considerar su cuerpo, que estaba ya como muerto* (siendo ya de casi cien años), *o la esterilidad de la matriz de Sara:* Tampoco dudó, por incredulidad, de la Promesa de Dios sino que SE FORTALECIO EN FE, *dando gloria a Dios.* (No murmurando y quejándose porque la promesa no se cumplió inmediatamente, sino) plenamente convencido de que todo lo que había prometido, era también poderoso para hacerlo".

Abraham hizo caso omiso por completo de la evidencia de sus sentidos físicos, que constantemente eran testigos del hecho de que él era un hombre viejo, demasiado anciano para ser padre. Y Sara se *sentía* vieja, se *veía muy* vieja y *era* vieja, de acuerdo con los sentidos naturales, pero Abraham HIZO CASO OMISO también de ese hecho.

¿Por qué *hizo caso omiso de estos hechos?* Porque ellos contradecían lo que Dios había dicho. Dios le había dicho que tendría un hijo. Los sentidos dijeron: "IMPOSIBLE". El hizo caso omiso de los sentidos y "CREYO" *lo que Dios había dicho. ESO ES FE.*

"¿Qué dice la Escritura? Abraham CREYO a Dios" (Ro. 4:3). Puesto que la palabra "creer" es un VERBO y como el verbo siempre denota

ACCION, yo diría que Abraham ACTUO CON-
FORME A LO QUE DIOS DIJO QUE SUCE-
DERIA.

La Fe de Sara

Nótese también, que Sara se "sentía" como que
no tenía fuerza para concebir y dar a luz un hijo,
pero ella HIZO CASO OMISO DE SU CONDI-
CION, y *"por la fe* también la misma Sara,
siendo estéril, recibió fuerza para concebir; y
dió a luz aún fuera del tiempo de la edad".
¿Cómo pasó esto en una persona de edad tan
avanzada? No fue por la evidencia de sus sentidos, no por sus "sentimientos", sino "porque
era fiel quien lo había prometido" (He. 11:11).

Usted se Restablecerá

Queridos amigos, después que se haya orado por
su sanidad en vista de que Jesús dijo: "SANA-
RAN", y que Santiago dijo: "La oración de fe
sanará al enfermo y el Señor lo LEVANTARA,
no dude de ahí en adelante. Haga caso omiso de
sus síntomas por completo. Rechace los dolores
que en algunos casos perduran un poco, y
ACTUE creyendo que esté siendo sanado. Esto
no lo puede hacer usted mientras esté mimando
la enfermedad, frotándose los dolores y hablando de ellos a sus vecinos. Recuerde: la enfermedad es un enemigo; es un impostor; es de satanás; es mortal; no es "fuente de bendiciones", ni
es "maestro de paciencia", no es un don del
"amor de Dios", ni es su "vara de castigo". Es
un mal mortal de los abismos, enviado por
satanás para "matar, para robar y para destruir".
Pero "el Hijo del hombre vino para que tengáis
vida, y la tengáis en abundancia" (Jn. 10:10), y
esta "VIDA DE JESUS debe manifestarse en
nuestra carne mortal" (2 Co. 4:11). Reclame

SU LIBERACION ahora mismo.

Rechace toda prueba de los sentidos que contradiga: "Yo soy Jehová, tu Sanador" o que "EL SEÑOR LE LEVANTARA". Los sentidos se burlarán de usted, y le dirán: "Tu, necio, ¿por qué eres tan tonto? ¿No crees en tus propios sentidos? ¿No sientes esos dolores? ¿No puedes ver ese cáncer?". La FE dice, "está escrito, El que sana todas mis dolencias; el Señor ME LEVANTARA. Por Sus heridas YO FUI SANADO. Satanás es un embustero. Yo le rechazo en el nombre de Jesús y le ordeno que salga de mí. Yo rechazo todo síntoma. Yo ME RECUPERARE. ¡Aleluya!". Esto es ponerse al lado de la Palabra de Dios, contra la cual las puertas del infierno no prevalecerán (Mateo 16:18).

La Fe y El Hombre Natural

A la FE no le importa lo que pueda ver el ojo natural, lo que pueda oir el oído natural, ni lo que pueda sentir el cuerpo natural. La FE sólo ve la Omnipotencia. Los ojos naturales sólo ven las grandes murallas de Jericó, los oídos naturales sólo oyen las amenazas del enemigo, pero la FE ve las murallas derribadas y al enemigo conquistado.

El cuerpo natural siente los dolores atroces del cáncer, pero la fe vé cómo éste se va secando hasta desaparecer, consumido por el poder sanador de Jehová-Rapha, "TU Sanador" (Exodo 15:26).

El ojo natural ve la impresionante obscuridad de las nubes que surcan por encima de nuestras cabezas, y el oído natural oye el horripilante estampido del trueno, pero la fe, calladamente

ORDENA, "sea la Paz". ¿Cómo puede suceder
esto? Porque la fe ve el cielo despejado y el viento aquietado antes de que suceda así. "Fe es la
certeza (seguridad) de las cosas que se esperan,
la convicción de lo que no se ve" (He. 11:1).

El ojo natural ve la carne consumida por la
terrible plaga de la tuberculosis (tisis), un embajador del infierno; la mano física siente el ardor
de la fiebre que quema los tejidos del cuerpo,
pero la "fe" ve esos destrozos como parte de la
MALDICION DE LA LEY (Dt. 28:22), y luego
los ve hechos MALDICION en el Calvario, en
donde su víctima fue REDIMIDA de todas esas
dolencias (Gálatas 3:13), y con unas palabras
fuertes de rechazo, en el nombre de Jesús,
ordena que la enfermedad salga de la víctima
y entonces abandona la habitación en la seguridad completa de lo que Dios ha dicho: "SE
SANARAN"; "EL SEÑOR LO LEVANTARA
habrá de cumplirse.

La Fe Contra la Razón

Podría uno pensar que la fe es completamente
ciega para no ver las condiciones físicas. Cuando
la razón disputa con ella, la fe sonríe y dice:
"sea la Paz".

La fe ve a satanás derrotado aún cuando se le ve
en el poder. En la mente de la fe, las enfermedades son curadas aún antes de hacerse la oración. La fe se mueve y actúa en la misma forma
en que Dios se mueve y actúa. *La RAZON se
encoleriza, se excita Y SE PONE NERVIOSA.
La FE permanece quieta e inconmovible.* La Fe
sabe que Dios no puede mentir, y por esto la fe
nunca disputa, pero todo lo da por hecho
cuando la petición ha sido formulada de acuerdo

con la Palabra de Dios. La Fe ve la obra terminada aún antes de que se manifieste por completo. La Fe triunfa. La Fe viene oyendo la Palabra de Dios, así pues lea Su Palabra y tenga Fe
en Dios.

La verdadera fe en Dios y en Su Palabra nunca
se desanima. Alguien ha dicho que la FE verdadera se fortalece con las pruebas.

La fe vive a la luz de los hechos anticipados. No
vive o depende de lazos que la aten a las circunstancias actuales, sino por el contrario, vence a
esas circunstancias y se forja su propio destino
andando a la luz de los resultados prometidos.

La fe persistente siempre triunfa. No permita
que nada le desaliente. No permita que nada le
cambie. No permita que ningún síntoma cambie
su actitud hacia la Palabra de Dios. Sea perse-
verante. Grabe en su corazón el hecho de que las
promesas de Dios SERAN CUMPLIDAS. Tal
vez será necesario hacer siete viajes alrededor de
las murallas (Josué 6:15-16), o zambullirse siete
veces en el río (2 Reyes 5:14), pero la victoria
vendrá por medio de una fe persistente en lo
que Dios ha hablado.

La Fe es un Poseedor

"Cada sitio en donde poses tus pies te lo he
dado por HERENCIA", fue la promesa inspira-
dora que tuvieron los Israelitas tan pronto con-
templaron la tierra prometida. *Las huellas signi-*
fican la posesión, pero tenían que ser sus propias
huellas. Así mismo sucede cuando poseemos el
Nuevo Testamento, o sea las bendiciones compradas en el Calvario. *Cada promesa sobre la*

cual ponga sus pies, es suya. La rica llanura de la
sanidad es suya en toda su extensión donde la
pisa. El fértil valle de la liberación es suyo, si
usted quiere entrar en él y poseerlo. La gloriosa
altiplanicie del poder espiritual es suya, si
quiere imitar al gran anciano Caleb que por la fe
echó fuera los incrédulos Anaceos que allí vivían (Josué 14:6-15). Cualquiera de estas bendiciones o todas ellas son suyas para que las posea
en el poderoso nombre de Jesús.

Todas las bendiciones y promesas de la Palabra
de Dios son suyas, así ¿por qué vacila en ir adelante para poseer esa tierra prometida? Entre
usted y sus posesiones hay enemigos poderosos,
pero una sus fuerzas de oración y de fe en el
Nombre del Todopoderoso y salga contra ellos.
No cese hasta haber conquistado al último enemigo. El tamaño de su herencia depende de la
tierra sobre la cual usted se haya parado, sobre la
que haya andado y que haya reclamado. Si no
la ha reclamado toda, entonces tendrá toda esa
extensión que se atreva a poseer. Así que pón-
gase la "armadura de Dios" que lo hará invul-
nerable, tomando la "Espada del Espíritu" que
lo hará invencible (Efesios 6:10-17), "peleando
la buena batalla de fe" (1 Ti. 6:12). "Sufriendo
trabajos como buen soldado" (2 Ti. 2:3), "resistiendo al diablo" y usted verá que la promesa es
verdad, y "que él huirá de su lado" (Stg. 4:7).
Para mucha gente la "fe" es meramente una
palabra o *teoría;* usted puede hacerla un *hecho*
y un *poder.*

Satanás sabe que los intereses de Dios y los de
usted en cuestión de SANIDAD son idénticos.
El sabe que usted y Dios son aliados. El sabe
que Dios no le permitirá fracasar, mientras

confíe en Su palabra, porque no podría permitirlo sin ser un fracaso El mismo, y esto El no lo puede hacer.

Cuando "la oración de Fe" ha sido ofrecida, "párese firme en la fe, y sea fuerte" (1 Co. 16:13). No se de por vencido. De por cierto que UD. RECUPERARA. Quedará sano. Volverá a ser un SER completo e íntegro. Determínese a tener esta salud. Reclame todos sus derechos del pacto. Entonces Dios tendrá la gloria y usted obtendrá la victoria. *"La FE ES la VICTORIA"* (1 Juan 5:4).

12

EL TESTIMONIO DE LA FE

La Fe tiene su testimonio. La Fe se expresa por sí misma. La Fe declara la Palabra de Dios. Una persona que tiene Fe, habla como habla Dios; esto es, usa las mismas declaraciones de Dios para expresar su actitud hacia el pecado, la enfermedad y todas las demás necesidades del ser humano. Un individuo que tiene Fe, habla la Palabra de Dios, piensa los pensamientos de Dios y expresa los dichos de Dios. Esta es la forma en que la fe se expresa por sí misma, hablando lo que Dios dice. Y, esto es lo que la Biblia llama CONFESION.

La confesión de la Palabra de Dios es la manera de la Fe al expresarse en nuestro testimonio. Apocalipsis 12:11 nos dice, que los que vencieron al diablo, lo han vencido, "por medio de la sangre del Cordero y de la PALABRA del testimonio de ellos". Esto es, por las Escrituras que ellos repitieron o citaron cuando daban su testimonio a otros.

Pablo declara que él predicó; la "palabra de FE", y declara también que la "Palabra de Fe" debe de estar *en nuestra boca* y en "nuestro corazón". Para tener la Palabra de Fe en SU BOCA, uno tiene que hablar la Palabra de Dios, vea Romanos 10:8. . . ESO ES CONFESION.

Confesión es el testimonio que da la Fe de que lo que Dios dice es verdad y que uno cree la Palabra de Dios con todo su corazón. Entonces unimos la ACCION a ese testimonio, y éste pone a Dios a trabajar dando cumplimiento a todas Sus divinas promesas.

La Importancia de la Confesión

Nada en nuestro andar como cristianos es más importante que la CONFESION, a pesar de que practicamente no se menciona nunca en la iglesia. No me estoy refiriendo a la confesión de pecados y faltas; sino más bien a la confesión de la Palabra de Dios en nuestra vida cristiana y testimonio diario. No estoy hablando de la confesión a Dios, o a cualquier hombre, de culpabilidad o fracaso. Estoy hablando de confesar lo que Dios ha dicho en Su Palabra con relación a nuestra salvación, nuestra sanidad y todas las demás bendiciones redentoras provistas por la muerte de Cristo.

El capítulo tres de Hebreos revela que el *Cristianismo es llamado* una *"confesión"*. La palabra griega que ha sido traducida *"profesión"*, significa *"confesión"* en la mayor parte de los casos. La palabra *"profesión"* en Hebreos 3:1, es también *"confesión"* (o un reconocimiento) en su original.

Ambas palabras están estrechamente relacionadas, sin embargo la diferencia es importante. La palabra en el lenguaje griego significa, *"Diciendo la misma cosa"*, o un reconocimiento de la Palabra de Dios. Esto es como decir que significa, *"Diciendo lo mismo que Dios dice"* acerca de nuestros pecados, nuestras enfermedades o acerca de cualquier otra cosa relacionada con nuestra posición ante Dios.

"Considerad al Apóstol y sumo sacerdote de nuestra *confesión (profesión)*, Cristo Jesús", (Hebreos 3:1).

Confesión significa, *"afirmación de una verdad bíblica que ocupa nuestra atención"*. Confesión es, *"repetir con nuestros labios" las cosas* que Dios ha dicho en Su Palabra y que nosotros creemos en nuestro corazón. Confesión es estar de acuerdo con Dios. Es decir lo mismo que El dice.

Miremos por un momento en Romanos 10:9: "Si confesares con tu boca . . . que Jesús es el Señor y creyeres en tu corazón que Dios le levantó de los muertos, SERAS SALVO; (esto es SANADO espiritual y físicamente)".

Esta palabra "SALVO" es traducida de la palabra griega "SOZO" que significa ser "sanado *espiritualmente* y sanado *físicamente"*. SANADO del cuerpo y SANADO del alma, o sea, SALVADO del pecado y SALVADO de la enfermedad. La traducción significa, "sanado, preservado y salvado y restituido".

La palabra "salvo" usada en Romanos 10:9, "serás SALVO", es la misma palabra griega usada por Cristo cuando dijo al hombre ciego: "¿Quieres ser SANO?" (Juan 5:6). Ambas palabras fueron traducidas de la palabra griega "SOZO", probando esto que; perdón y salud son la misma cosa; esto es, que ambas son provistas y ofrecidas a todos en la misma forma.

Será muy bueno para aquellos que se oponen a la sanidad divina, aprender lo que significan estas palabras en su texto original. Notemos que cada una de las palabras referidas en las siguientes escrituras son traducidas de la misma palabra griega *"sozo"*: Salva - Marcos 5:23; salvo - Marcos 16:16; salvado - Lucas 8:36; salvo - Hechos 2:21; sano - Hechos 14:9; salvos - Efesios 2:8; salvo - Lucas 18:42; salvará - Santiago 5:15; salvado - Lucas 17:19; sanado - Hechos 4:9; salvos - Hechos 4:12 y sanos - Marcos 6:56. Nuestra salvación incluye salud física para nuestro cuerpo. Este es un hecho innegable.

Confiesa, Luego Posee

Notemos ahora que Pablo dice: "SI CONFESARES CON TU BOCA que Jesús es el Señor, serás SALVO", o SANADO. Entonces él continúa: "Porque con el corazón se cree para justicia, mas con la boca se hace CONFESION para salud". Nótese, "CONFESION se hace *para* salud". No hay salvación o salud, sino hasta DESPUES de haberse hecho CONFESION. Esto es, uno tiene que creer y CONFESAR ANTES de experimentar los resultados. ESTO ES FE. Recordad esto; la CONFESION VIENE PRIMERO, y ENTONCES Jesús, quien es, "el *SUMO SACERDOTE de nuestra CONFESION*", responde, concediéndonos aquello que hayamos pedido.

¿Qué es Confesión?

Confesión de la Palabra de Dios es decir lo mismo que Dios dice en Su Palabra. Confesión es ESTAR EN COMUN ACUERDO CON DIOS. Es

hablar el mismo lenguaje de Dios . . . *la Biblia*.
Es decir Sus mismas palabras acerca de nuestros
pecados, enfermedades o cualquier otra necesidad que podamos tener.

Cuando estés enfermo, declara; "Por Sus heridas
soy curado". Cuando te sientas débil, afirma:
"Jehová es la fortaleza de mi vida". Cuando ten-
tado a sentir temor, valientemente declara;
"Nada me podrá hacer daño".

Cuando Satanás nos ataca le decimos; "En el
nombre de Jesús te reprendo, satanás; está escrito, os doy poder y autoridad sobre todo el
poder del diablo". Cristo conquistó al diablo
hablando las Palabras de Su Padre: *"Está escrito"*. Tu puedes conquistar a satanás usando esa
misma arma. Aprende lo que dice Dios acerca de
tu caso. Siempre refiérete a la Palabra de Dios
como dirigida directamente a tí. *Es siempre Dios
hablándote a tí*. Léela. Préstale atención. Entonces, ten suficiente valor para CONFESARLA.

Cuando estás en necesidad, puedes confiada-
mente confesar: "Mi Dios pues suplirá todo lo
que os falta, de acuerdo con Sus riquezas en gloria en Cristo Jesús" (Fil. 4:19). Si tu crees que
la Palabra de Dios es verdad, entonces tu SABES
que EL quiso decir exactamente lo que expresó
al hablarla. Cristo Jesús es el "Sumo Sacerdote de
nuestra CONFESION", o sea de lo que "NOSO-
TROS DECIMOS". Por lo tanto EL siempre verá
que todos nuestras necesidades sean suplidas.
Cuando tu CONFESASTE, El lo hizo, porque El
es el "Sumo Sacerdote DE LO QUE TU CON-
FIESAS CON TUS LABIOS", cuando tu así lo
crees en tu corazón. Entonces tu descubres que
Dios quiso decir exactamente lo que expresó.

Cuando estás enfermo, puedes decididamente confesar: "Por cuya herida fuisteis sanados" (1 Pedro 2:24). Descubrirás que puedes CONFESAR esto con tus labios porque ya lo has creído en tú corazón y la ENFERMEDAD TIENE QUE SALIR de tú cuerpo. Entonces sabrás que has sido SANADO. Lo sabes porque la PALABRA DE DIOS lo dice.

Haciendo uso por lo tanto del "Escrito está", derrota las fuerzas del infierno. Los poderes satánicos tienen que ceder SIEMPRE ante la afirmación de "Así dice la Palabra de Dios". *La Palabra* SIEMPRE CONQUISTA a satanás. Cuando persistentemente CONFIESAS la Palabra como la confesó Jesús diciendo: "Escrito está" (Mt. 4:3-10), SATANAS TIENE QUE SALIR, y los ángeles vendrán y te servirán en la misma forma en que lo hicieron con El, porque así está escrito: "El diablo entonces le dejó, y he aquí los ángeles llegaron y lo servían" (Mateo 4:11).

Satanás es IMPOTENTE ante la Palabra de Dios. El se torna INOFENSIVO ante la faz del autoritativo "escrito está", porque el SABE QUE ESTO ES VERDAD. Cristo Jesús sabía que El podía hablar las Palabras de Su Padre y por ellas conquistar todas las huéstes contrarias. El dijo: "El Padre que me envió, El me dió mandamiento de lo que he de decir y de lo que he de hablar" (Juan 12:49). El siempre habló las Palabras de Su Padre. Esto le hacía irresistible. Este era el secreto de Su triunfo.

Enfréntate a Satanás con el: "Escrito está" y todas tus enfermedades, dolencias y síntomas TENDRAN QUE SALIR. CONFIESA LO QUE

DIOS DICE. Satanás no puede resistir esto. El es una HUESTE DERROTADA y él lo sabe. El lo sabe desde que Cristo se levantó victorioso sobre la muerte y el infierno. El siempre ha tratado de impedir que la iglesia descubra esto. El siempre ha obedecido al mandato de todo hombre que ha usado la Palabra de Dios contra él, y aún lo sigue haciendo. Cuando él descubre que nosotros hemos aprendido el secreto de usar el, "escrito está", su derrota es segura y él lo sabe. Cristo conquistó a Satanás por nosotros y mientras nosotros actuemos en lugar de El, usando Su NOMBRE, seremos VICTORIOSOS.

Nunca Podrás Sobrepasar a Tu Confesión

Lo que tu confiesas, eso vienes a ser. Muchas personas tienen una CONFESION NEGATIVA. Siempre están confesando lo que ellos NO SON. Hablan de sus debilidades, y de sus fracasos, de sus enfermedades y dolencias, de sus ignorancias o falta de habilidad. Al hablar de sus enfermedades y dolencias hasta magnifican su estado pobre de salud. Les agrada decir el mucho tiempo que hace que están enfermos, de las cosas que NO PUEDEN HACER, de lo mal que se "SIENTEN" y de lo mucho que sufren en el dolor. ¿Sabías tu que la Biblia dice: "NO DIRA el morador: estoy enfermo?" (Isaías 33:24).

Cuando tu confiesas tus enfermedades, tu estado pobre de salud, tus síntomas y las dolencias que *presientes* que te han de sobrevenir a ti o a alguno de los tuyos, tu confesión hará que suceda lo mismo que dices. *Muy pocas personas han llegado a comprender que nuestra CONFESION o nos aprisiona o nos declara libres.* Una confesión genuina y verdadera siempre nos DECLARA LIBRES. No es nuestro pensar sino nuestras

palabras y conversación las que obran para
PODER o DEBILIDAD en nosotros. Es aquello
que nosotros CONFESAMOS CON NUESTROS
LABIOS lo que realmente domina nuestro ser
entero. Salomón dijo: "Te has enlazado con las
palabras de tu boca, y has quedado preso en los
dichos de tus labios" (Proverbios 6:2).

La enfermedad gana ascendencia cuando testi-
ficas confesando a base de lo que sientes. Tus
cinco sentidos naturales NO TIENEN LUGAR
en el reino de la fe. *Confesar dolencias, sufrimientos, enfermedades es como firmar para recibir un paquete que entrega el "Express". Satanás
entonces, tiene el RECIBO — tu confesión, que
demuestra que has aceptado su paquete.* No
aceptes nada que mande el diablo. Aún cuando
tus sentidos naturales te hagan "SENTIR" que
el paquete es para ti, REHUSA CONFESARLO.
Mira inmediatamente al Calvario y recuerda que
tu has sido LIBERTADO.

Cuando tu estás firme con una CONFESION
positiva y de acuerdo a, *"así dice el Señor"*,
Satanás se va inmediatamente. El tiene que
irse. Dile, "Satanás, tu eres un mentiroso y
Cristo Jesús dijo que tu lo eres. Tu no puedes
echar esta enfermedad sobre mi. Yo la rechazo.
Yo no tengo que llevarla porque, está escrito:
"El Mismo llevó nuestras enfermedades y
cargó con nuestros dolores". Pablo dice que
Cristo fue hecho el Salvador de nuestro cuerpo
y Juan dice que podemos prosperar y ESTAR
EN SALUD así como nuestra alma también
prospera. "En el nombre de Jesucristo, yo te
conjuro, deja mi cuerpo libre ahora mismo".

Satanás tiene que obedecer tu mandato. Cristo

mismo dijo que tendría que hacerlo. Y Santiago dice: "Resistid al diablo y él huirá de vosotros" (Santiago 4:7).

"El (Cristo) llevó nuestras enfermedades y cargó con nuestros dolores". Esta es la garantía de Dios para tu salud perfecta. *Endosa esta garantía con tu CONFESION de Su palabra*, y ella te traerá salud perfecta del trono de Dios.

Las enfermedades, dolencias, pecados e iniquidades, todas fueron PUESTAS sobre Cristo. El las llevó. El las llevó sobre El y esto nos hizo a nosotros libres y sanos. Debemos regocijarnos en esta libertad nuestra.

Cuando venga a tí la enfermedad, rehúsala. Resístela. NO LA CONFIESES. Confiesa la sanidad; nunca la enfermedad. Aprende a conocer tus derechos. Tu has sido REDIMIDO, y debes por lo tanto ACTUAR en esa redención. Prueba tu fe por tus acciones, u obras (Stg. 2:20). Tu eres redimido y has descubierto que tus enfermedades fueron curadas en el mismo sacrificio que hizo expiación por tus pecados. Tanto tus pecados como tus enfermedades fueron llevados por Cristo Jesús tu Redentor.

"Porque COMPRADOS SOIS POR PRECIO; glorificad pues a Dios en vuestro cuerpo y en vuestro espíritu, los cuales son de Dios" (1 Co. 6:20). ¿Cómo puedes tu glorificar a Dios en tu cuerpo, cuando éste está siendo destruido por la enfermedad? Sería igualmente posible glorificar a Dios en tú ESPIRITU cuando éste está lleno de PECADO, cómo glorificar a Dios propiamente en tu CUERPO cuando éste está lleno de ENFERMEDAD. Tu has sido ya *libertado*. Dile al diablo: "Satanás, tu eres un mentiroso. Tu sabes que *yo soy PROPIEDAD REDIMIDA*, porque yo he aceptado a Cristo Jesús como mi Redentor. Ya yo no habito en tú territorio y por lo tanto tu no tienes ningún derecho legal para invadir mi propiedad. Ya ni te pertenezco ni estoy bajo tu jurisdicción. HE SIDO REDIMIDO de tú autoridad, por Cristo Jesús. Esta enfermedad que has puesto sobre mí, fue destruida ya en la Cruz del Calvario (Gá. 3:13), y tú sabes que yo no tengo que sufrirla. Yo te ordeno a que en el Nombre de Cristo Jesús dejes mi CUERPO LIBRE. Yo soy libre de tu maldición, porque está escrito: 'Por Sus heridas fuimos nosotros curados', y por lo tanto yo estoy sanado. Dios lo ha dicho así. Tu eres un MENTIROSO. Tus dolencias son mentira, tus síntomas son mentira y tus palabras son mentira. Tu eres el padre de la mentira. Cristo así lo dijo (San Juan 8:44). Yo soy salvo. Yo soy sano. He sido libertado de tu poder. Yo soy fuerte". Y entonces da gracias a Dios por tu sanidad.

ESTA ACTITUD NUNCA PODRA DEJAR DE TRAER RESULTADOS. Satanás sabe todo esto. Es solamente cuando él sepa que tú has descubierto esto que él va a respetar tus palabras. Son muy POCOS los que realmente saben que han sido librados del dominio de Satanás. El no dejará de asaltar tu cuerpo hasta tanto no descubra que tú estás seguro de haber sido librado. Muchos han muerto prematuramente por no conocer sus derechos en Cristo.

"Porque somos hechura Suya, creados EN Cristo" (Efesios 2:10). Por Cristo Jesús, Dios nos ha hecho lo que somos —NUEVAS CRIATURAS. "Si alguno está EN Cristo, NUEVA

CRIATURA es; las cosas viejas pasaron, he aquí
todas son hechas NUEVAS" (2 Co. 5:17).
Somos ahora una nueva criatura, hechos a la semejanza de Dios, por el poder de Cristo Jesús.
Dios nos ha dado Su naturaleza, Su amor, Su
fe, Su vida, Su espíritu, Su poder. Somos recreados. *Todo lo que Cristo hizo fue POR NOSO-
TROS.* El no tenía ninguna necesidad de conquistar a Satanás para Sí. El lo hizo POR NOSO-
TROS. El no tenía pecados de los cuales debía
librarse, porque El no tuvo pecado sino hasta
que "El llevó nuestros pecados". El hizo todo
esto POR NOSOTROS. El no tenía necesidad de
conquistar la enfermedad para Sí, porque El
nunca tuvo enfermedad sino hasta que llevó
sobre El las enfermedades de TODOS NOSO-
TROS. El hizo todo esto POR NOSOTROS. El
conquistó PARA NOSOTROS, y ahora que somos recreados en Cristo Jesús y somos hechos
copartícipes con EL, somos hechos también
vencedores POR EL. Pablo dice: "Antes, en
todas estas cosas somos más que vencedores, por
medio de Aquel que nos amó" (Romanos 8:37).

Todo lo que Cristo Hizo fue por Nosotros

Todo lo que Cristo hizo fue *por nosotros* y
ahora nosotros somos copartícipes de Su victoria.

Eramos cautivos, pero Cristo Jesús nos ha librado del cautiverio. Estábamos bajo maldición en
el pecado y la enfermedad, pero Cristo NUES-
TRO REDENTOR nos ha librado de la maldición y nos ha redimido del dominio de Satanás.
Nosotros éramos débiles, pero el Señor se ha
constituído en nuestra fortaleza y ahora somos
fuertes. Estábamos atados y aprisionados pero
Cristo nos ha librado de la esclavitud.

Estábamos enfermos, pero Cristo quitó y llevó nuestras enfermedades y ahora, "Con Sus heridas somos curados". Ahora El dice: "Yo soy Jehová tu Sanador". CONFIESA ESTO.

"La Palabra de Dios permanece para siempre". CONFIESA ESTO también. En otras palabras, lo que Dios dice, está SIEMPRE en efecto. Confiesa esto; "Por Sus heridas sois vosotros curados". Confiésalo. Diga el que es débil: "YO SOY FUERTE EN EL".

Confesión Erronea

Nunca debemos hablar acerca de nuestras enfermedades. Cuando le contamos a otros nuestras dificultades, sólo procuramos ganar las *simpatías* de ellos. La enfermedad vino del diablo, nuestro adversario. Cuando hablamos de nuestras dificultades, lo que hacemos es testificar de la habilidad de Satanás para causarnos esas dificultades. Cuando hablamos de nuestras enfermedades o dolencias estamos glorificando al adversario quien ha tenido la habilidad de poner enfermedad y dolencia sobre nosotros.

Cuando confesamos nuestra falta de fuerza y nuestra inhabilidad para hacer aquello que debemos hacer, estamos confesando que Satanás nos tiene cegados de tal manera, que no podemos gozar ni ejercer nuestros derechos y privilegios que nos son revelados en la Palabra de Dios. Estamos por lo tanto confesando todo lo contrario a lo que Dios dijo: "Jehová es la FORTALEZA DE MI VIDA; ¿de quién he de atemorizarme?" (Salmo 27:1). Dios le dijo a Josué: "Esfuérzate y sé valiente, no temas ni desmayes, porque Jehová tu Dios ESTARA CONTIGO" (Josué 1:9). "Nadie te podrá hacer frente en

todos los días de tu vida" (Josué 1:5). Ahora
escucha tú a Jesús hablándote a tí: "He aquí os
doy potestad sobre todo fuerza del enemigo: y
NADA os dañará" (Lucas 10:19). Tal parece
que no tenemos poque estar atemorizados.

Aprende a confesar lo que Dios dice en Su Palabra. Entonces estarás repitiendo Sus Palabras,
frente a las cuales ningún poder puede permanecer en pie. Confesando Su Palabra siempre serás
el vencedor. Dios no conoce derrota. Tampoco
Su Palabra. "Porque NINGUNA cosa es imposible *para Dios*" (Lucas 1:37). Ahora une esto a:
"Y NADA OS será imposible" (Mateo 17:20).
Comienza ahora a ver que usando esas dos poderosas armas, la Palabra de Dios y el Nombre de
Jesús, la irresistibilidad de Dios viene a ser también tu irresistibilidad. Ninguna arma que Satanás pueda usar contra estas dos podrá prosperar
(Isaías 54:17).

Trata confesando: "Somos más que vencedores
por medio de Aquel que nos amó", (Ro. 8:37).
A esto añade: "Todo lo puedo en Cristo que me
fortalece" (Fil. 4:13). *Nunca serás derrotado
usando la Palabra de Dios.* La Palabra es eterna.
Es Todopoderosa. Es Sobrenatural.

Confesando la Palabra de Dios con relación a tus
enfermedades y dolencias, estás testificando la
"verdad que te hace libre". Se valiente haciendo
esto. Nosotros somos lo que Dios dice que somos. Podemos hacer todo lo que Dios dice que
podemos hacer. La enfermedad es derrotada por
nuestra confesión de la Palabra de Dios.

Confiesa tu falta de fe y pronto estarás rodeado
de dudas. Confiesa tus temores y éstos aumenta-

rán más. Confiesa tu temor a la enfermedad y está aumentará en tí, por tu propia confesión. Confiesa tu inhabilidad y temores y esto creará en tí un complejo de inferioridad que será supremo en tu vida.

Nuestra Confesión Nos Gobierna

Nuestra fe es medida por nuestra confesión. Las personas que hacen una confesión negativa, esto es, que confiesan sus debilidades, sus fracasos, sus dolores, sus síntomas, aquellas cosas que no pueden realizar; invariablemente se hunden al nivel de su confesión. Esta es una ley espiritual que muy pocos hemos podido llegar a comprender.

Cuando nosotros confesamos a Cristo Jesús como Señor, si nuestros corazones están en pleno acuerdo con nuestra confesión, entonces depositamos nuestras vidas en Sus manos. Entonces terminan nuestras preocupaciones, nuestros temores y comienza a obrar la FE.

Cuando creemos que Cristo se levantó de la tumba POR NOSOTROS, y que por Su resurrección El conquistó al adversario y lo puso bajo NUESTRO dominio; si ésta es la confesión de nuestros labios y le creemos en nuestro corazón, entonces nosotros mismos venimos a ser UN PODER CON y PARA DIOS.

Si hemos aceptado a Jesús como Salvador y le hemos confesado a El como Señor, entonces somos NUEVA CREACION. Somos entonces; "Herederos de Dios y coherederos con Cristo" (Romanos 8:17). La enfermedad y las dolencias no pueden tener ya dominio sobre de nosotros. Hemos llegado a conocer que estamos UNIDOS

A LA DEIDAD. Sabemos que la habilidad para
controlar las enfermedades en la misma forma en
que las controló Cristo es NUESTRA. Esto puede que no parezca del todo claro al momento,
pero mientras vamos estudiando la Palabra y
ACTUANDO EN ELLA; la vivimos y dejamos
que Ella viva en nosotros, ello se convierte en
viva realidad. Esta realidad se DESARROLLA
POR NUESTRA CONFESION.

La Confesión Precede a la Posesión

La confesión de: "Yo soy Jehová tu sanador" y
"Por Sus llagas fuimos nosotros curados", siem-
pre antecede a la sanidad, en la misma forma en
que la confesión que hacemos de nuestro Señor
Jesucristo siempre antecede a nuestra salvación
(Romanos 10:9-10). Siempre observa la Palabra.
Ella es verdad y te hará libre si la crees y la con-
fiesas. No mires a los síntomas. No sigas a la
gente. "El que tiene oídos para oír, oiga", la
Palabra de verdad.

En la Palabra, DIOS SIEMPRE TE HABLA PER-
SONALMENTE. Tu te sanas porque Dios dijo
que tu sanarías. No importa lo que sientas, dale
a la Palabra de Dios el lugar que merece. Si Dios
te ha dicho que tu estás sano, créelo. El no puede mentir.

Tu puedes valientemente declarar aún cuando
todos los síntomas estén testificando contra
tí: "Mis enfermedades fueron todas puestas sobre Cristo y El las llevó todas". Por Sus heridas
yo he sido sanado. Gracias, Padre, porque Tú
así lo has dicho y yo creo que la obra está reali-
zada. "No tengas temor. Sólo creer. Es la Palabra de Dios y ésta es VERDAD. El dolor puede
seguir por algún tiempo, la enfermedad misma

puede que siga dejándose sentir, pero esto es solamente la reacción de tus sentidos carnales. Rehusa dar crédito a estos, porque son carnales. Son naturales. En lugar de esto, acepta la Palabra de Dios como la VERDAD y actúa de acuerdo a ella. Dios hace Su Palabra buena en nosotros y toda enfermedad y dolencia desaparecerá tan seguro como que El está sentado en Su trono.

Confiesa la Palabra y No la Enfermedad

La verdadera fe se adhiere siempre a la Palabra de Dios mientras que nuestros sentidos naturales o carnales se adhieren siempre a los síntomas y dolencias. Si yo acepto la evidencia física en vez de aceptar la Palabra de Dios, entonces en lo que a mí concierne estoy haciendo nula la Palabra de Dios. Contrario a esto yo mejor me afirmo en lo que Dios ha dicho, "Por Sus heridas yo soy sanado", y mantengo esta confesión frente a todas las contradicciones que me puedan presentar mis sentidos naturales.

Cada vez que tu confiesas las debilidades y fracasos estás *magnificando al adversario sobre el Padre*. Destruyes así tu propia confianza en la Palabra de Dios. Es tiempo de que ceses de confesar la enfermedad y comiences a confesar la sanidad. Estudia la Palabra hasta que conozcas bien tus derechos y entonces; "afírmate en tu confesión". Muchos tratan de hacer una confesión sin tener fundamento y entonces el adversario los derrota fácilmente. Cristo dijo: "Escrito está" y Satanás fue derrotado. Tu también puedes decir; "Está escrito", y "por Sus heridas soy yo sanado" y "El llevó mis enfermedades y cargó con mis dolencias".

"Y ellos lo vencieron por la sangre del Cordero y

por la Palabra de su testimonio" (Ap. 12:11). *El Cristianismo es una confesión.* Confiesa la obra terminada de Cristo. Confiesa que El está sentado a la diestra del Padre. Confiesa que El te ha dado redención perfecta. Confiesa que tú eres hijo de El. Confiesa la autoridad que El te ha dado sobre Satanás. "He aquí que os doy autoridad sobre toda fuerza del enemigo y nada os dañará", (Lucas 10:19). Confiesa tu supremacía sobre el diablo. Cree que tú eres más que vencedor sobre el. El no puede ya gobernarte. Cree la Palabra de Dios. Afírmate en sus verdades. Confiesa solamente lo que dice Dios. Se firme en esa confesión. No la cambies a diario. Deja que la Palabra de Dios, "viva en tí", y vive tú en la Palabra de Dios.

Pon Tu Fe en la Palabra de Dios y No en el Dolor

Alguien dijo: "Me sentí perfectamente bien durante algunos días después que Ud. oró por mi. Luego volví a sentir los síntomas y desde entonces he venido sufriendo el dolor. ¿A qué se debe esto?".

He aquí la contestación. Evidentemente tu recibiste sanidad por la fe de otro. El adversario se ha aprovechado de tu falta de fe y ha traído de nuevo los *síntomas.* El ha trastornado todo el negocio y ha traído la duda y temores en lugar de tu fe. En vez de haber hecho frente al adversario con la Palabra de Dios, con el mandato de que su poder sea destruído en el nombre de Jesús; te has rendido, has confesado el dolor y así has firmado el recibo y has recibido la enfermedad de nuevo.

¿Por qué te rendiste? Porque nunca has estudiado la Palabra de Dios, y no te has fundado en

esa Palabra. Has hecho igual que el hombre que
edificó su casa sobre la arena. Vino la tormenta
y la casa fué destruída.

Lo que tu debes hacer es conocer al Sanador
personalmente a través de Su Palabra. Entonces tu podrás saber que: "Por Sus heridas tu
fuiste curado". Entonces el enemigo no tendrá
poder sobre tí. Entonces sencillamente te podrás reír de él y decirle: "¿Satanás, no sabías
tú que estás derrotado? En el nombre de Jesucristo yo te ordeno a que salgas de mi cuerpo".
Y el tendrá que obedecerte y salir.

Mantén Firme Tu Confesión

En Hebreos 4:14 se nos dice: "Por tanto teniendo un gran *Sumo Sacerdote* que *traspasó* los cielos, *Jesús*, el hijo de Dios, *retengámos nuestra
profesión*" (confesión o reconocimiento). Esta
es la confesión (o reconocimiento) de nuestra fe
en la obra redentora de Cristo.

Estas instrucciones son repetidas y enfatizadas
en el capítulo 10 y versos 21-23. "Y teniendo un
gran sacerdote sobre la casa de Dios, MANTEN-
GAMOS FIRME LA PROFESION (CONFE-
SION) DE NUESTRA FE SIN FLUCTUAR; que
fiel es El que prometió".

Un joven que tenía un tumor debajo de su pie
vino a la línea de enfermos para que se orase
por él. Después de orar por él, yo le dije que ca-
minara afirmando con el talón en el Nombre de
Jesús y que el tumor iba a desaparecer. El obedeció al instante y el tumor desapareció. Unos
días después, cuando se disponía a quitarse sus
zapatos para probarle su sanidad a un escéptico,
sintió un fuerte dolor que le hizo sentir como si

hubiese vuelto la enfermedad. En vez de aceptar el testimonio de sus síntomas, él aceptó la Palabra de Dios. Inmediatamente dijo: "dolor, yo te rechazo en el nombre de Cristo Jesús. Deja ahora mismo mi pie. Yo he sido sanado por las heridas de Cristo". El dolor lo dejó al instante y no le molestó más nunca. Este joven le probó a aquel escéptico que Cristo le había sanado. El confesó la verdad y la verdad lo hizo libre. El tumor desapareció por completo.

Una dama por quién oramos para sanidad de úlceras en el estómago, tenía que vomitar hasta cinco y seis veces al día. Después de haber sido sanada vino la prueba. Cada vez que vomitaba, ella decía: "Gracias Jesucristo por haberme sanado. Tu Palabra me dice que yo soy sanada". El enemigo fue derrotado y ella quedó completamente librada de la enfermedad. LA FE SIEMPRE GANA.

Confiesa Tu Sanidad Hoy MIsmo

Pablo dice: "He aquí ahora el tiempo aceptable: he aquí ahora el día de Salvación" (2 Co. 6:2). El diccionario Webster dice que salvación quiere decir, *Liberación del PECADO y sus PENALIDADES*. Si esta escritura es verdad en lo que concierne al pecado de los hombres, tiene que ser verdad también con relación a sus enfermedades que son parte de esa penalidad del pecado.

Amigo, despiértate ya y sal de tus temores, de tus dudas y de tus debilidades. No sigas hablando de ellos. Declárate libre de toda inhabilidad. Posee un cuerpo fuerte con el que puedas glorificar a Dios. Dobla tus rodillas y ora. Díle al Padre que tu eres Su hijo. Díle que tú sabes que al igual que tú estás presto a dar buenas dádivas a tus hijos, El está aún más dispuesto a dar cosas buenas a todos los que las pidieren de El. Habla de tus enfermedades y debilidades llamándolas por su nombre. Ordénales en el Nombre de Jesucristo a que salgan de tu cuerpo. Ordena a las enfermedades a salir de tu cuerpo, confesando al Señor Jesús como la FORTALEZA DE TU VIDA (Salmo 27:1). Ordena a todas estas cosas salir a pesar del dolor, a pesar del dolor que puedas sentir y cree que se han ido. Ellas tienen que salir. Resístelas, repréndelas. No las confieses. Insiste en que salgan por la fe. Ellas están sujetas a tu mandato en el Nombre de Jesús. La Palabra dice: "En mi Nombre ECHAREIS fuera demonios". Créelo. Actúa en base de esto. Confiesa tu sanidad. Cree que la has recibido y cuando estés completamente restablecido, *escríbenos tu testimonio.*

Cuéntale a otros acerca de tu experiencia extraordinaria. Regocíjate disfrutando tus derechos y ayuda a otros a gozarse en esos mismos derechos. SATANAS NO PUEDE ECHAR SOBRE TI LO QUE YA DIOS HA PUESTO SOBRE CRISTO JESUS. El pecado y la enfermedad fueron clavados en la cruz y por lo tanto TU ESTAS LIBRE DE SU MALDICION PARA SIEMPRE. TU ESTAS SANADO. El Señor "te ha redimido de la maldición de la ley". "Porque Jehová redimió a Jacob, lo redimió de mano del más fuerte que él" (Jeremías 31:11). "Porque Tú tienes derecho a ella (a la Redención) para comprarla" (Jeremías 32:7). "He aquí que Tú hiciste el cielo y la tierra con Tu gran Poder y con Tu brazo extendido, NI HAY NADA QUE SEA DIFICIL PARA TI" (Jeremías 32:17).

13

EL SECRETO DE LA FE

Sermón predicado por el Evangelista T.L. Osborn en el estadio "Las Casas", San Juan, Puerto Rico, (tomado taquigráficamente).

Buenas noches a todos. Esta será una noche de gran victoria. Dios está bendiciendo esta gran campaña de una manera sin precedentes. ¡Cómo debemos darle gracias a Dios por todo lo que El ha hecho! Más de cincuenta iglesias representando de corazón este gran avivamiento. Yo confío que cada una de ellas y sus pastores reciban abundantes bendiciones de nuestro Padre celestial.

Vamos a leerles algunos versículos de la Escritura esta noche. Se hallan en el libro de Santiago, capítulo segundo. "Hermanos míos, ¿qué aprovechará si alguno dice que tiene fe y no tiene obras? ¿Podrá la fe salvarle? Y si el hermano o la hermana están desnudos y tienen necesidad del mantenimiento de cada día y alguno de vosotros les dice; Id en paz, calentaos y saciaos; pero, no les diereis las cosas que son necesarias para el cuerpo, ¿qué aprovechará? ASI TAMBIEN LA FE, SI NO TUVIERE OBRAS, (acciones que correspondan) ES MUERTA EN SI MISMA".

"Pero, alguno dirá: Tú tienes fe y yo tengo obras: muéstrame tu fe sin tus obras, (acciones que correspondan) y yo te mostraré mi fe por mis obras (acciones que correspondan)" Stg. 2:14-18.

Nota las palabras de Santiago acerca del amor. El dice, si tu hermano o hermana están en necesidad y no les dais las cosas que necesitan para sus cuerpos, ¿qué les aprovechará? ¿De qué bien podría serle a un hombre necesitado que lo améseis en palabras, si no tenéis acciones de amor que correspondan a vuestras palabras de amor?

El Amor y La Fe en Acción

El amor, como la fe, se demuestra por las acciones, no por palabras. Yo no querría que mi esposa dijese que me amase, si no actuase con amor. Sus acciones demuestran su amor para conmigo. Sus *palabras* de amor serían *inútiles* a menos que sus *acciones* de amor correspondiesen.

La fe es como el amor. No se demuestra en palabras sino en ACCIONES. Santiago dice; si tú dices que tienes fe, pero no tienes acciones que correspondan a tus palabras de fe, entonces tu fe está muerta, estando sola.

Versículo 18: "Pero, alguno dirá, tú tienes fe y yo tengo obras; muéstrame tu fe sin tus obras y yo te mostraré mi fe por mis obras". En otras palabras, "Tú puedes decirme que tienes fe aún cuando no actúes como uno que tiene fe; pero, YO TE DEMOSTRARE MI FE POR MIS ACCIONES que corresponden a mi fe". Ese es el tema de nuestro mensaje esta noche.

El Más Perplejo Problema de la Fe

Yo voy a contestar esta noche la pregunta más perpleja que yo conozco acerca de la fe. Creo que es una pregunta que está en la mente de casi todos aquí esta noche.

Ustedes oyen a las gentes decir, "Yo tengo fe, gran fe. Yo creo verdaderamente en las promesas de Dios. Yo oro y oro, pero nunca obtengo contestación, pero, yo tengo fe verdadera. Yo siempre he tenido gran fe".

Entonces viene el Evangelista y predica, "ustedes *deben* tener fe antes de poder ser sanados. Sin fe, ustedes no pueden recibir las bendiciones de Dios". Noche tras noche él predica de esta manera. Vosotros decís en vuestros corazones, "Yo *tengo* fe. Toda la fe en el mundo. Yo siempre ha creído a Dios, y lo creo ahora, pero, no he sido sanado. ¿POR QUE? ¿POR QUE?

Esa pregunta es importante. La contestación es sencilla. No obstante, miles se hallan completamente perplejos por este asunto. Intento resolver ese problema de fe para vosotros completamente en los pocos minutos siguientes. No es complicado. Es la cosa más sencilla que yo he conocido. Es extraño que no se haya enseñado la contestación a la iglesia.

¡Mi tema esta noche es EL SECRETO DE LA FE. ¡Eso es! ¡Escuchad! FE ES ACTUAR SOBRE LA PALABRA DE DIOS. A las gentes no se les ha enseñado esto: que sencillamente fe es actuar sobre la Palabra de Dios.

Tenemos buenos seminarios religiosos, y están preparando predicadores a miles pero, no le están enseñando a los predicadores lo que es la fe. Están enseñando casi todo lo demás. Tenemos buenas escuelas bíblicas, pero, ellas no están enseñando lo que es la fe. Están enseñando buenas cosas, pero, no están enseñando qué es fe.

Recordad; la fe es importante en la Biblia. Ustedes pueden aprender todo lo demás, pero, si no tienen fe, no pueden agradar a Dios. "Sin fe es imposible agradar a Dios" (He. 11:6). Dios es un Dios de fe. El demanda fe. Se requiere la fe para agradar a Dios. Y a muy pocos en este mundo se les está enseñando la sencillez de la fe, que fe es sencillamente actuar sobre la Palabra de Dios.

Lo Que se Enseña Acerca de la Fe

Un joven dijo, "mi pastor nos dice que debemos tener fe, y que si no tenemos fe, no podemos agradar a Dios. El nos dice que si tenemos fe, podemos mover montañas, pero, él nunca nos dice cómo tener fe, o lo que es exactamente la fe".

Escuelas de la Biblia y seminarios están enseñando que debemos tener fe, pero no están enseñando lo que es la fe. Ellos dicen las grandes cosas que han sido hechas por medio de hombres que tenían fe; nos hacen tener hambre de fe, pero, ellos no enseñan que la fe es sencillamente actuar sobre la Palabra de Dios.

Cuando Uds. comprendan este sencillo secreto de fe, que la FE ES ACTUAR SOBRE LA PALABRA DE DIOS, ustedes poseerán la *llave maestra* del almacén de las bendiciones divinas. Y ustedes pueden poseerla esta noche si quieren actuar sobre lo que Dios ha declarado en Su Palabra.

No querría yo predicar sobre la fe si fuese una cosa complicada. Por eso es que miles de personas no tiene fe hoy día. Es porque sus predicadores han hecho el asunto tan dificultoso.

Solamente Fe Bastante Para Actuar

Muchos dicen, "oh, hermano Osborn, usted tiene una fe tan grande. Desearíamos tener una fe como la suya". ¡Escuchadme! Yo solo tengo escasamente bastante fe para actuar sobre la Palabra de Dios.

Predicadores me han dicho: "Hermano Osborn, creemos lo que usted predica, pero no tenemos fe para invitar a todos los enfermos a que asistan a nuestras reuniones para ser sanados". Entonces, predicador, no tienes aún la idea de lo que es fe. Todavía no entiendes lo que es creer. Si tú tienes fe y crees lo que predico, entonces debes actuar en esa forma. Son tus ACCIONES las que prueban tu fe en este mensaje, no tus PALABRAS.

Yo solo tengo bastante fe para actuar sobre la Palabra de Dios. Si Uds. traen diez mil lisiados a oir la Palabra de Dios y si yo puedo convencerles que la fe es sencillamente actuar sobre la Palabra de Dios y esperar que por seguro Dios hará exactamente como ha prometido, entonces cada uno de ellos sanará.

Cuando ustedes quieren actuar sobre la Palabra de la Promesa, no necesitan mucha fe, unicamente bastante para actuar sobre la Palabra,

éso es todo. Y ustedes tienen esa fe, si creen
que Dios hará lo que ha prometido.

Leyes de Fe . . . Leyes de Acción

A través de la Biblia, las leyes de fe eran leyes de
acción. Los hombres de fe eran hombres de acción. Escenas de fe eran escenas de acción. Los
hombres de fe en la Biblia actuaron sencillamente las órdenes de Dios. Ellos obedecieron simplemente las Palabras de Dios. Ellos hicieron exactamente lo que Dios les dirigió a hacer, y depen-
dieron de Dios para hacer lo que El había acordado. Eso es FE. Ninguna otra cosa es fe.

Estamos viviendo en un mundo moderno lleno
de gente engañadora. Hay tanta deshonestidad.
La palabra del hombre ya no vale mucho. Las
naciones se reunen, trazan acuerdos y firman
tratados y ninguno de ellos parece tener el valor
del papel en que son escritos. Se rompen contra-
tos. No se cumplen las promesas. El hombre
teme confiar en el hombre. Una nación teme
confiar en otra nación. Y en un mundo en que
nuestra confianza mutua ha sido anulada, es
dificultoso echar todo ésto a un lado y tomarle
a Dios la Palabra sin temor alguno. Es dificultoso
decir: "Señor, yo creo que Tú quisiste decir lo
que dijiste. Yo creo que cada promesa tuya es
buena". Puede que sea dificultoso para Uds.
hacer esto, pero, Uds. deben hacerlo. Solamente
eso es fe. Pero, antes que puedan echar a un
lado todos sus desalientos y venir a Dios confiando plenamente que El no les faltará, confiando
plenamente que El hará exactamente como ha
prometido, antes que Uds. puedan salir sobre
su Palabra de Promesa y actuar sobre su Palabra,
hay ciertas cosas que deben conocer y entender.

Antes de la Fe . . . ¿Qué?

Antes de Uds. actuar sobre la Palabra de Dios por fe, deben entender que *Dios respalda Su Palabra.* El Trono de Dios está respaldando cada una de Sus Promesas. El ha declarado en Su Palabra: "Yo estaré atento a mi Palabra para cumplirla".

Leemos en Su Palabra. "Levántate y se hecho sano". Y realizáis que Dios está atento a Su Palabra para cumplirla y realizáis que Dios está en Su trono; que Sus ojos están enfocados en vosotros, que El está atendiendo Su Promesa y os ve actuando sobre Su Promesa. El ha acordado confirmar y cumplir Sus Promesas. Entonces será fácil salir sobre Su Palabra de Promesa plenamente confiados de que habrá de ser llevada a cabo.

Cuando tenéis en cuenta que Dios respalda Su Palabra, realizáis que vuestras acciones obligan a Dios a cumplir Sus Promesas; pero, Dios está esperando vuestras acciones que testifican a, o prueban vuestra fe.

Dios está atento a Su Palabra. Dios está esperando que Uds. actúen sobre Su Palabra. El dice: *"Yo apresuro* (tengo en cuenta, respaldo, sostengo, confirmo, hago buena) mi Palabra para ponerla por obra" (Jeremías 1:12). Dios está atento a cada Promesa suya para asegurar que cada una es enforzada y cumplida en favor de cada uno que tiene fe, o que actúa en base a Sus Promesas.

Si vosotros no entendéis ésto, entonces, por supuesto, la fe es difícil; pero, por eso es que la fe viene por el oir ... la Palabra de Dios (Romanos 10:17). Es cuando consideráis las Promesas de Dios y su certeza, que la fe para actuar sobre ellas nace en vuestros corazones. Cuando oímos a Dios hacer una promesa y sabemos que El está tras esa promesa con todo Su poder y Su trono y que El únicamente está esperando que nosotros actuémos sobre esa promesa, entonces apenas podemos esperar que el Evangelista de el mandato de levantarnos y andar, porque sabréis que vuestras acciones pondrán a trabajar a Dios para producir la contestación. Pero, *debéis* entender eso antes de salir sobre Su Palabra.

Recordad, "El cielo y la tierra pasarán", pero *la Palabra de Dios nunca pasará*. Si vosotros creéis éso, decid Amén. (Un tremendo rugir de "Amenes" resonó del gran auditorio).

Os digo que el poder de Dios está en medio nuestro, esta noche. Nunca he visto una atmósfera tán saludable en una campaña. Estáis actuando como estando convencidos aun antes de yo predicar. Veréis la gloria del Señor esta noche porque estáis creyendo la Palabra de Dios.

Hechos Que Edifican la Fe

Otra cosa que vosotros debéis entender antes de actuar sobre la Palabra de Dios es ésta: Debéis entender que Dios dice: "Mi Palabra que sale de mi boca no volverá a mí vacía. Sino que HARA LO QUE YO QUIERO y SERA PROSPERADA en aquello para que la envíe" (Is. 55:11). Lo repito, la Palabra de Dios no volverá vacía, sino que cumplirá su propósito y PROSPERARA EN AQUELLO para lo cual Dios la envió. Vosotros *debéis* entender esto antes de que pongáis plena confianza en la Palabra de Dios; —antes de que salgáis sobre la Palabra o actúes sobre Su Palabra.

La Palabra de Dios dice: "El (Dios) envió Su
Palabra y (ella) los sanó, (Salmo 107:20). En
otras palabras, la promesa sanadora de Dios que
El envió de su boca, no retornó vacía, sino que
cumplió Su propósito sanando al pueblo. La promesa de Dios para sanar a los enfermos está
haciendo lo mismo aquí esta noche, a favor de
aquellos que están creyendo dicha promesa.

Cuando Dios promete sanar, o cualquiera otra
bendición, Su promesa no vuelve a El vacía. Lo
sanará a usted. Su promesa creará en usted cualquier cosa que El prometa, cuando crea la promesa y actúe sobre ella. La Palabra de promesa
de Dios que estoy exponiendo esta noche, para
sanarle a usted no volverá, no puede volver hasta
que le sane a Ud. Así pues, crea Su Promesa esta
noche y actúe en base a Su Palabra.

La Biblia dice: "Yo soy el Señor, Yo hablaré y
la palabra que Yo hablare se cumplirá" (Ez.
12:25). ¿Están escuchándome? Les decía que
Dios dijo: "Yo, el Señor, hablare la palabra".
¿Qué palabra? Cualquiera de Sus palabras. Oíd a
Dios decir: "Yo soy Jehová, tu Sanador"; o
"Yo soy Dios que sano todas tus enfermedades";
o, "Yo quitaré la enfermedad de en medio de
vosotros", y recordad: Dios dice: "Cuando yo
diga la Palabra, se cumplirá". Vosotros debéis
entender esto antes de que salgáis y actuéis en
base a la Palabra de la Promesa de Dios.

Debéis saber y recordar que "todas las promesas
de Dios son Sí y Amén (2 Co. 1:20). Cada una
de las promesas de Dios son sí; ellas son Amén.

Cuando entendáis ésto, entonces es fácil AC-
TUAR SOBRE LA PALABRA DE DIOS. Con
completa confianza de que Dios os respaldará
en vuestras acciones.

Jesús dijo: "Si pidiereis ALGO EN MI NOM-
BRE, YO LO HARE" (Juan 14:14). Esa promesa es SI y AMEN. En otras palabras, Dios
respalda esa promesa particular con todo Su
poder.

La Biblia nos asegura que cuando nosotros hacemos "la oración de fe", el Señor SALVARA AL
ENFERMO Y LO LEVANTARA", (Stg. 5:15).
Esa promesa es sí y amén. Dios está respaldando
esa promesa; El *está observando esa parte de Su
Palabra, listo a cumplirla*, cuando nosotros ten-
gamos fe suficiente en esa promesa para actuar
sobre ella.

Lo que Dios ha prometido no volverá, no podrá volver, sin llevar a cabo Su propósito. ¿Cuál
es el propósito de la Palabra de Dios? Exactamente lo que está prometido por la Palabra de
Dios. Su Palabra no puede faltar. "Dios envió
Su Palabra y sanó a los que estaban enfermos".
¿Creen ustedes eso? ¿Aceptan ustedes eso?
¿Actuarán ustedes sobre eso? Ustedes actuarán
sobre la promesa de Dios para sanidad tan pronto como estén completamente convencidos de
que Dios les respaldará.

Ustedes, gentes que están paralíticos, que están
lisiados, que están enfermos; que tienen hernias,
tan pronto ustedes se hayan convencido de que
la promesa de Dios *no puede faltar*, sino que la
Palabra de Dios creará cualquier cosa que ella
promete, cuando ustedes actúen sobre ella, auto-

máticamente ustedes ACTUARAN SOBRE LA PALABRA DE DIOS y Dios les libertará.

Es perfectamente normal que Uds. ACTUEN SOBRE LA PALABRA DE DIOS, cuando tienen fe en Su Palabra. Es una cosa normal para un paralítico levantarse y andar cuando él se haya convencido de que la Palabra de Dios no puede faltar; que Dios está atento a Su promesa para cumplirla cuando se actúa sobre ella por fe.

Silla de Ruedas Abandonada

Muchas veces yo he sido interrumpido, mientras he estado predicando acerca de la FE ACTUAN-TE, por personas que llegaron a estar tan seguras de que Dios respaldaría Su Palabra, cuando ellas actuaran sobre ella, que no pudieron esperar hasta que yo terminase de predicar.

En la ciudad de Nueva York, el Saint Nicholas Arena estaba lleno y desbordándose con miles de personas anhelosas de oir la Palabra de Dios. No había yo sino medio terminado mi mensaje cuando un anciano, que había estado confinado a su silla de ruedas por cerca de dieciséis años, no pudo contener su gozo por más tiempo. Se levantó de su silla de ruedas y comenzó a andar y correr en la parte del frente, completamente curado de artritis. Le fe había subido a tan alto nivel, que la misericordia de Dios no pudo ser restringida por más tiempo. Las gentes comenzaron a actuar su fe. Veintenas de personas fueron completamente sanadas esa noche. Un montón de muletas, bastones y soportes de hierro estaban echados en el piso frente al púlpito, donde la gente los había dejado, después de haber venido a testificar. La línea de sanidad fue innecesaria. En la gente actuó su fe y Dios confirmó Su Palabra. El siempre lo hace así.

Fe en Acción

La ley de la fe demanda acción. ¿Por qué decir que tenéis fe si no tenéis las acciones correspondientes? ¿Por qué decis que amáis a los pobres si no les dais limosna? ¿De qué sirven las palabras sin la acción? Si tenéis fe, ACTUAD VUESTRA FE. Haced lo que no podiais hacer antes de ser sanados. Si creéis la Palabra de Dios y que Dios respalda Su Palabra, entonces, ACTUAD SOBRE SU PALABRA. Convenceos de que "no ha faltado una palabra de todas sus buenas promesas que El ha prometido" (1 Reyes 8:56). Eso es lo que la Biblia dice: *Ni una sola Palabra de Dios puede faltar.*

"Yo *soy* el Señor tu sanador" (Exodo 15:26). Cada una de esas palabras sucederán. Ni una de ellas puede faltar. Dios respalda cada sílaba. Eso, para mí, es prueba de que vosotros, enfermos, seréis sanados esta noche. Eso es prueba para mí de que vosotros, paralíticos, andaréis esta noche. Esa es Palabra de Dios, y todo el cielo, todo el trono de Dios, está respaldando cada una de Sus divinas promesas.

Cuando Dios dice que El es vuestro Sanador, ACTUAD SOBRE SU PALABRA. El confirmará Su promesa, porque El está atento a Su Palabra para ejecutarla. Su Palabra no puede faltar, sin faltar El. El ha prometido que Su Palabra SERA PROSPERADA y que ella CUMPLIRA su propósito.

La Palabra de Dios... Fundamento del Universo

Cuando usted sale en base a la Palabra de Dios,

sale sobre el fundamento del universo. La Palabra de Dios no consiste en ideales místico-sicológicos. *La Palabra de Dios es el poder de Dios. La Palabra de Dios es Su poder.* La Palabra de Dios creará y producirá lo que promete. Su Palabra es poder. Dios respalda Su Palabra.

Recordad todo ésto y os será muy fácil actuar sobre Su Palabra. Recordad: Dios creó el universo con su Palabra (Hebreos 11:3). Por tanto, cuando salís sobre la Palabra de Dios, estáis saliendo sobre el verdadero fundamento del universo. Estáis saliendo sobre la misma sustancia que formó los mundos.

Pablo dijo: "Sea Dios veraz y todo hombre mentiroso" (Romanos 3:4). En otras palabras, lo que Dios dice, es verdad, no obstante cualquier otra cosa. Cualquier cosa que contradice lo que Dios dice, no es verdad. Sea Dios veraz y todo otro testimonio sea falso. Solamente el testimonio que esté completamente de acuerdo con la Palabra de Dios puede ser verdad. Si Dios dice, "Yo *soy* tu Sanador", entonces lo es verdaderamente. Si creéis ésto, entonces actuad de acuerdo.

La Experiencia del Dr. Byrum

El Dr. Byrum, predicador de sanidad divina, a fines del siglo 17, fue repentinamente atacado por una terrible fiebre, y pienso yo que así el diablo pensaría parar este fiel testimonio de Dios. El Dr. Byrum estaba justamente comenzando su gran ministerio de fe. (Yo no culpo al diablo por tratar de detener a un predicador de predicar la fe. El no sería un buen diablo si no tratase de detenerle. Y él es demasiado orgulloso para ser un pobre diablo). (Una gran risa invadió el auditorio).

Así que satanás echó sobre el Dr. Byrum esta terrible fiebre tifoidea. El siervo de Dios trató de resistir la enfermedad, pero fue finalmente obligado a guardar cama. Mientras que guardaba cama, se empeoró más y más. El dijo: "Señor, yo debo confiar en Tí. No puedo volverme al brazo de carne en busca de ayuda. He predicado a las gentes que deben creer Tu Palabra. Yo debo tener Tu ayuda ahora". El Dr. Byrum no había aún aprendido la importante lección básica de fe que os estoy enseñando esta noche, *que la fe es sencillamente actuar sobre la Palabra de promesa de Dios.* Esta simple lección cambiará vuestra vida entera. Cambiará la vida de todo ministro aquí esta noche. Le convertiría en un amo-del-diablo en un momento. Le convertirá en un victorioso, en vez de un fracasado. Hará de la Biblia una realidad cuando usted aprenda a ACTUAR SOBRE LA PALABRA DE DIOS. Dios llegará a ser una realidad viviente en su vida. *Cuando usted se de cuenta que la Palabra escrita de Dios es Su orden para nosotros actualmente, y que actúa acordemente, éso hace de Dios una fuerza viva en su vida y lo coloca a usted en una posición de demanda mundial.* Lo puedo asegurar. El mundo entero está pidiendo un predicador que conozca el secreto de la fe y que lo enseñará a otros.

Heme aquí, soy solamente un pobre e ignorante muchacho campesino que he aprendido unos sencillos secretos de fe que son tan claros como la nariz de mi rostro. Yo no sé cómo nuestros líderes los han pasado por alto.

Es extraño que tan pocos predicadores y maestros hayan jamás enseñado que fe es sencillamente ACTUAR SOBRE LA PALABRA *ESCRI-*

TA DE DIOS, como los hombres del Antiguo Testamento que sencillamente ACTUABAN SOBRE LA PALABRA *HABLADA* DE DIOS.

Por eso es que esta ciudad será una ciudad diferente después de esta campaña. Las iglesias serán diferentes. Los predicadores serán diferentes. Los cristianos serán diferentes. Dios, en el poder de Su Palabra, está reinando en esta ciudad. El está teniendo una oportunidad de reinar en las iglesias en el poder de Su Palabra escrita. El está teniendo una oportunidad de reinar y en dirigir las vidas y ministerios de los predicadores bajo el poder de Su Palabra escrita. Usted está aprendiendo un secreto que hará gigantes espirituales; un secreto que emana un poder de Dios que ningún rey ni potentado alguno soñó jamás tener.

Pero, el Dr. Byrum no había aprendido este importante secreto aún, así que continuó en cama. Pero él se decidió a echar mano de la promesa de Cristo: "Todo lo que orando pidiereis, creed que lo recibís y os vendrá" (Marcos 11:24). Sobre la base de esta promesa bíblica él oró: "Padre, yo he predicado Tu Palabra. Ahora yo estoy enfermo. Tú me has dicho que todo lo que pidiere, orando, crea que lo recibo y lo tendré. Jesús prometió que si yo pido algo en Su nombre El lo haría. Yo creo Tu Promesa. Por tanto yo te pido ahora mismo que sanes mi cuerpo de esta enfermedad en el nombre de Jesús, amén".

El oró bien. Oró escrituralmente. El tenía fe, pero, no conocía el importante secreto de fe. El no sabía actuar conforme a su fe. El no sabía que fe era ACTUAR SOBRE LA PALABRA.

Así que se quedó en cama como treinta minutos esperando que Dios lo sanara. Pero, en vez de mejorarse, se empeoró.

Después de unos momentos él preguntó a Dios esto: "¿Señor, por qué no me has sanado según prometiste que lo harías?" Y Dios contestó: ¿Por qué no has actuado tú como habiendo creído que te he oído? El Dr. Byrum dijo: "Señor, veo exactamente lo que quieres decir". Inmediatamente se desarropó, se levantó y se vistió y dentro de pocos minutos estuvo completamente sano de la fiebre. Así aprendió el Dr. Byrum la tan importante lección que estáis aprendiendo aquí esta noche: La fe consiste en ACTUAR SOBRE LA PALABRA DE DIOS; que es inútil decir que tenéis fe sin las acciones que correspondan a vuestras palabras.

Paciente Tuberculoso se Levanta por Fe

La hija de una familia cristiana regresó del sanatorio a su hogar para pasar los últimos días con sus familiares. Mientras la intensa oración era elevada a Dios por su salud, el Señor se le apareció en visión. El le dijo: "Lee lo que te he dicho en mi Palabra en el capítulo cinco de Santiago. La familia consultó la Biblia en ese sitio y halló la instrucción sencilla de llamar a los ancianos de la iglesia para que la ungiesen con aceite y hallaron la promesa de que el Señor la sanaría y la levantaría. Llamaron los ancianos de la iglesia, los cuales pusieron reverentemente aceite en la frente de la joven, oraron para que el Señor la sanara después de la oración, esperaron un tiempo en que el Señor la pusiera bien, pero nada aconteció. Finalmente, los ancianos se fueron de la casa y la familia se quedó sola otra vez.

Después de varias horas notaron como que la
hija había empeorado y llegaron a pensar que se
moriría. En estos momentos desesperados la
familia volvió a orar a Dios para que sanara la
hija. Mientras oraban, otra vez el Señor se apareció en visión a la joven La miró y le dijo: "Yo
te he dado mis Palabras. Estas palabras mías
son para que tú actúes sobre ellas. Debes ahora
levantarte de tu lecho y hacer tuya la sanidad
por fe".

La joven estaba maravillada de la realidad de la
venida del Señor a ella y contestó con una débil
voz: "Oh Señor, yo no tengo fuerzas para levantarme. Yo no puedo levantarme". Entonces el
Señor mostrando disgusto alargó su mano derecha hacia ella y le dijo en tono imperativo:
"Estas son mis Palabras para tí. Debes actuar
sobre ellas. Levántate ahora y sé sana. Es ahora
o nunca". Entonces la visión desapareció. Ella
entendió que habría de obedecer o morir.

La joven muy debilmente se levantó de su cama
y se puso de pie dándole gracias al Señor por su
maravillosa visita dos veces y por su promesa de
sanarla. Repentinamente notó ella que el severo
dolor de sus débiles pulmones aminoraba. Esto
le aumentó su gozo. Dentro de pocos momentos
ella estaba completamente curada de su odiada
enfermedad. El Señor había renovado sus pulmones.

El secreto de la fe es el *actuar sobre la Palabra de
promesa de Dios*. Ese secreto cambiará vuestra
vida para siempre. Actuamos sobre la Palabra
escrita de Dios tal como aquellos que en la Biblia
actuaron sobre Su Palabra *hablada*. Su Palabra
nunca deja de ser cumplida.

El Caso de Diabetes

Oré por una señora que tenía un caso muy fuerte de diabetes. Se veía obligada a inyectarse insulina cada día. Al día siguiente de haber orado por ella, me llamó por teléfono y me preguntó: "¿Hermano Osborn, cree usted que debo continuar inyectándome insulina? Yo le contesté: "Eso depende de su creencia en cuanto a si todavía tiene diabetes o no. Si Ud. cree que tiene diabetes, debe usar la insulina; pero, si Ud. cree que Dios la sanó de su diabetes anoche, según la promesa de El, entonces no necesita la insulina". Entonces le dije: "Personalmente, yo no me inyecto insulina". "Oh," dijo ella: "¿tiene diabetes?". "No", le contesté, "por eso es que no la uso. Y si usted cree que Dios la sanó de su diabetes, ¿por qué ha de seguir usando la insulina?".

La Fe Actúa Automáticamente

Cuando orando pedís sanidad, si creéis que Dios os ha oído, automáticamente actuad acordemente. "La fe sin las obras (acciones correspondientes) es muerta, estando sola". Dijo Santiago: "Te mostraré mi fe por mis obras". En otras palabras, yo automáticamente demostraré mi fe en mis acciones.

Si oráis por sanidad, actuad, entonces, como habiendo Dios oído vuestra petición y levantaos por fe en que la Promesa de Dios no puede faltar. Esto es lo que el Dr. Byrum hizo. Esto fue lo que Jesús en visión dijo a la joven tuberculosa. Esto es lo que las gentes hicieron en la Biblia.

Los ejemplos bíblicos de fe que en la Biblia hallamos, eran ejemplos de hombres y mujeres que actuaron sobre la Palabra de Dios sin importarles cualquier cosa y todas las cosas. Ellos creyeron a Dios y actuaron como habiendo creído a Dios.

Vosotros que estáis ahí sentados esta noche y que estáis acostados en vuestras camitas, cuando oremos por vuestra sanidad, levantaos por fe; actuad sobre la Palabra; actuad como creyendo que Dios os ha sanado. No actuéis como creyendo que todavía estáis enfermos. Una persona enferma se queda acostada. Una persona saludable se levanta. Actuad como que Dios os ha oído. Cuando actuáis sobre Su Palabra, entonces El hará exactamente lo que ha prometido.

Ore, Pastor, Ore

Esto ha sucedido cientos de veces. El pastor recibe una llamada telefónica. Uno de sus miembros dice: "Pastor, venga y ore por mí; estoy enferma con fiebre". El pastor va y tan pronto como entra en la habitación, el miembro dice: "Oh, pastor, yo tengo gran fe en que seré sanada. Ud. sabe que yo siempre he tenido fe. Ore para que Dios me sane".

El pastor pone su mano sobre su cabeza y pide a Dios que le sane y cuando dice "Amén", el miembro de la iglesia le da la mano y le dice: "Oh, tenga la bondad de continuar orando por mí. Que la iglesia ore por mí. Que la sociedad de damas ore por mí. Que la escuela bíblica ore por mí, y si le es posible, vuelva la semana próxima y ore por mí otra vez".

Sí, ella tenía fe, pero NINGUNA ACCION. Nada había que probara o justificara su fe. ¿De qué vale decir que tenéis fe si no tenéis las acciones correspondientes? Podéis orar, vuestro pastor puede orar, pero vosotros nunca recibiréis con-

testación hasta que actuéis sobre la Palabra de
Dios. Es inútil orar a menos que vosotros actuéis. Cuando oráis y ponéis vuestra petición
ante Dios, entonces es el tiempo de actuar. Vuestra fe es probada por vuestras acciones.

Pero el miembro que realmente tiene fe; que
conoce el secreto de la fe, llamará a su pastor;
el pastor reprende la enfermedad en el nombre
de Jesús y ordena que la enfermedad se vaya. La
persona que tiene fe cree que su enfermedad ha
sido reprendida, que la causa de ella ha obedecido y se ha ido y, por tanto actúa acordemente:
se levanta de la cama, se viste y se va a la iglesia a
proclamar las bondades de Dios para con ella.
¡Aleluya! Ella creyó en El. Ella actuó su fe. Ella
fue sanada. Dios confirmó Su Palabra porque
ella actuó como que Dios era fiel. Eso es tan
fácil como hacer sonar vuestro dedo. Sed razo-
nables con Dios y con Sus promesas.

Entended: *La fe es actuar sobre la Palabra de
Dios, y Dios respalda Su Palabra.* Ni una palabra Suya puede faltar. Cuando Dios habla, habrá de suceder. Así que, no vaciléis actuar sobre
Sus Palabras. Ellas no pueden faltar. Todo el
cielo está presto a respaldar lo que Dios ha hablado.

Coyuntura de Cadera Creada

Una joven vino a la campaña en Santiago de
Cuba. Ella tenía una enfermedad muy mala en el
hueso. Tan mala era que los doctores en La Ha-
bana removieron la bola de la coyuntura de la
cadera. Esto dejó inútil la pierna, pero, le salvó
la vida. Andaba en dos muletas y se suponía que
lo haría así el resto de su vida. Era humanamen-
te imposible que ella pudiese jamás andar sobre

aquella pierna. Ella nos oyó predicar la Palabra
de Dios y el poder de la Palabra de Dios. Ella
creyó que la Palabra de Dios era poderosa. Ella
creyó que Dios significaba lo que decía y que
Dios respaldaría cada una de sus promesas.

Cuando dimos la orden, después de orar en masa
por los enfermos, de que cada paralítico que
andaba en muletas "soltara las muletas y andara
en el nombre de Jesús", esta joven hizo exactamente lo que ordené, completamente convencida de que Dios cumpliría en ella Su promesa.
Ella entregó las muletas a sus padres y caminó
sobre su pierna inútil, y Dios, instantaneamente,
creó una bola en el hueso de su cadera, pues,
fue restaurada perfectamente. Ella subió los
escalones de la plataforma andando tan perfectamente como cualquier persona podía hacerlo.
Ella estaba llorando de alegría. Los periódicos
publicaron este milagro de sanidad. Ella es
actualmente un vivo testimonio del poder de
Dios en Cuba.

Dios Obligado a Su Promesa

Cuando Dios prometió sanar, El se obligó a sí
mismo a hacerlo cuando sus condiciones fuesen
cumplidas. Su Palabra de Promesa creará cualquier cosa que sea necesaria para que vosotros
estéis sanos y bien. ¿Lo creéis vosotros? ("A-
mén, rugió la multitud de más de 12.000 personas). Actuaréis vosotros sobre Su Palabra esta
noche? "Sí", contestó la multitud.

Una Cosa Importante

Antes de orar por los enfermos, hay una cosa
importante y esa es que debéis aceptar al Sanador en vuestros corazónes y creer en El, como
vuestro Salvador. El mismo que sana vuestras

enfermedades es el que perdona vuestros pecados. Si le confesáis vuestros pecados, El es fiel
para perdonar vuestros pecados. "Todo el que
invocare el nombre del Señor será salvo", (Hch.
2:21). Si queréis que Dios os sane, debéis aceptar al Sanador. El Sanador es el Salvador. El mismo que sana vuestra enfermedad también perdona vuestros pecados y requiere que vosotros
le déis vuestro corazón. Vosotros debéis hacer
eso. No podéis aceptar al Sanador y rechazar al
Salvador al mismo tiempo, porque ellos son la
misma persona. "El es quien perdona todas tus
iniquidades y el que sana todas tus dolencias
(Salmo 103:3). Si queréis que Dios sane vuestros
cuerpos, debéis darle vuestros corazones y
acordar usar vuestra nueva fuerza para glorifi-
carle.

Si nunca habéis sido salvados, pero, queréis que
Cristo os perdone vuestros pecados, y queréis
que El sea vuestro Señor y Maestro esta noche,
alzad vuestras manos. (Por lo menos, 1.000 manos se levantaron respondiendo a la invitación de
aceptar a Cristo). Quiero que repitáis esta oración desde vuestros corazones.

Oración Por Los Pecadores

Amado Dios, ten misericordia de mi alma en
esta noche. Perdóname esta noche todos mis
pecados. Ven a mi corazón. Señor Jesús, borra
todos mis pecados. Limpia todas mis transgresiones. Dame paz en mi alma. Dame gozo en mi
corazón. Dame poder para hacerme hijo tuyo
ahora. Me arrepiento de mis pecados y los confieso todos a Tí ahora mismo. Yo creo en Jesucristo como mi Salvador. Yo lo acepto ahora
como mi Señor. Yo acepto el perdón ahora
mismo. Yo creo que estoy salvado. Yo he invo-

cado Tu nombre y sé que me has oído. Señor, te
doy gracias por mi salvación ahora mismo. La
acepto por fe. Estoy tan agradecido porque Tú
me has salvado y has quitado todos mis pecados. Estoy tan contento por ser un hijo de Dios
esta noche. Yo sé que estoy salvo porque yo
creo Tu promesa. Dame gracia para servirte fiel-
mente el resto de mi vida en el nombre de
Jesús, amén.

Oración Por Los Enfermos

Ya que habéis aceptado al Señor Jesucristo
como vuestro Salvador, El también promete
sanar vuestros cuerpos. Oremos para que Dios os
sane ahora mismo.

Amado Dios, te doy gracias por Tu promesa de
sanarme y porque Tú no puedes faltar a Tu Palabra. Tú respaldas Tu promesa. Te doy gracias
por estar atento a Tu Palabra para cumplirla
ahora mismo. Yo sé que Tú oyes mi oración.
Ahora mismo, sana mi cuerpo completamente,
de acuerdo con Tu promesa, en el Nombre de
Jesús. Yo hago mía mi sanidad ahora, y ac-
tuaré en base a Tu Palabra desde esta hora. Yo
acepto mi sanidad ahora mismo, de acuerdo con
Tu promesa fiel. Desde este momento yo creo
que Tú has oído mi oración y has sanado mi
cuerpo. Yo sé que Tu Palabra no puede faltar y
te doy gracias por ella. Yo reprendo el espíritu
del diablo que ha causado mi enfermedad y ordeno que se vaya. Yo ordeno que toda enfermedad y dolor me dejen ahora, en el Nombre de
Jesús. Padre, yo sé que Tú has contestado mi
oración y creo que estoy sano. Gracias por ello,
Amén.

Actuad Vuestra Fe

Ahora, yo quiero que hagáis cualquier cosa que no podíais hacer antes de haber orado. Actuad en base a la Palabra de Dios. Si no podíais oir, probad vuestros oídos y recibid vuestro oir. Si no podíais ver, abrid vuestros ojos y recibid vuestra vista ahora mismo. Si no podíais levantar vuestro brazo, levantadlo ahora en el Nombre de Jesús. Si no podíais andar, levantaos y andad ahora en el Nombre de Jesús. El poder de Dios está aquí. Vosotros habéis creído Su Palabra y Dios está presente para confirmar Su poderosa Palabra. Ni una sola de Sus Palabras faltará. No dudéis nada, antes bien, levantaos por fe y poseed vuestra bendición.

(Ya, para este tiempo, veintenas de personas habían sido milagrosamente sanadas. Muchas estaban viniendo hacia la plataforma de ambos lados para testificar ante los micrófonos lo que Dios había hecho por ellos).

14

COMO SER SALVOS

Querido Amigo:

Si usted ha confesado públicamente su fe en el Señor Jesucristo como su Salvador personal, sin duda nadie podría estar más contento o más agradecido por lo que usted ha hecho que este servidor.

Estoy profundamente interesado que usted sepa como seguir a Cristo y recibir el más grande gozo de su real vida cristiana, y cómo ser la más grande bendición posible a otros. Por tanto, le pido que lea cuidadosamente este libro. Póngalo con su Biblia y léalo a menudo.

Sinceramente suyo en Cristo,
T.L. OSBORN, (Salmo 103:1-3)

Que Significa Ser un Cristiano Verdadero

Un cristiano es cualquier hombre, mujer o niño que viene a Dios como pecador perdido, acepta al Señor Jesucristo como su Salvador personal, se rinde a El como su Señor y Maestro, lo confiesa como tal ante el mundo, y se empeña en agradarle en todo, cada día de su vida.

¿Ha venido USTED a Dios dándose cuenta que es un pecador perdido? ¿Ha aceptado USTED al Señor Jesucristo como Su Salvador personal? Esto es, ¿cree USTED de todo corazón que Dios cargó toda SU iniquidad en El (Isaías 53:5-6), y que El llevó SUS pecados y la pena de ellos (1 Pedro 2:24), y que SUS pecados son perdonados ahora porque Cristo murió en SU lugar?

¿Se ha rendido USTED a El como su Señor y Maestro? Eso es, ¿está dispuesto USTED hacer la voluntad de El aunque esté en contra de sus propios deseos?

¿Ha confesado USTED a El con sus labios que es un pecador; que cree que El llevó la pena de SUS pecados, y que, por tanto USTED le confiesa como SU Salvador y Maestro ante el mundo? ¿Es SU determinación empeñarse en agradarle en todo, cada día de SU vida?

Si usted puede contestar sinceramente "sí" a las preguntas arriba mencionadas, entonces usted puede SABER, sobre la autoridad de la Palabra de Dios, que AHORA USTED es un hijo de Dios (San Juan 1:12), y que AHORA USTED tiene vida eterna (San Juan 3:36); esto quiere decir, si usted ha hecho la parte que le corresponde, y ha hecho SU parte en creer que Cristo murió en SU lugar, y lo ha recibido por fe como SU Salvador y Maestro, entonces, puede estar seguro que Dios ha hecho la parte que a El le corresponde, y ha impartido a usted Su misma naturaleza (2 Pedro 1:4).

Pero si aún no está seguro que haya aceptado personalmente al Señor Jesucristo en su corazón como su Salvador, y que haya rendido defi-

nitivamente su vida a El y confesado públicamente que El es su Señor y Maestro, entonces
nada me da el más grato placer que enseñarle el
camino de paz con Dios, perdón de pecados y el
gran gozo de la vida cristiana. Considere lo siguiente cuidadosamente.

7 Pasos Para Llegar a Ser
Un Cristiano Verdadero

—Como Ser Salvo—

Estos siete pasos de instrucciones son para el
uso de aquellos que tienen un serio deseo de
obtener la misericordia de Dios, el cual solamente puede librarles de sus malos hábitos, del
poder del diablo y del infierno eterno.

(a) Separe un tiempo especial para su considera-
ción, retirándose, si es posible, a un sitio quieto
donde usted pueda estar sólo con Dios.
(b) Lea los siete pasos cuidadosa y concienzuda-
mente del primero al último, y entonces, léalos
detenidamente otra vez.
(c) Pida de todo corazón aquella dirección del
Espíritu Santo que Dios ha prometido a todos
los que le buscan. El dice: "Si vosotros, siendo
malos, sabéis dar buenas dádivas a vuestros hijos,
¿cuánto más, vuestro Padre Celestial dará el
Espíritu Santo a los que lo pidieren de El"?,
(San Lucas 11:13).
(d) Con toda su alma, de rodillas ante Dios, dé
los pasos uno a uno. Tenga cuidado de no pasar
del primer paso al segundo sin haber entendido
claramente el primero, haberlo aceptado de corazón y haber hecho solemnemente su decisión en
cuanto al mismo. Haga lo mismo con el segundo
paso y el tercero hasta llegar al último.
(e) Si sigue este curso, me siento muy seguro de

que ninguna *persona sincera* dejará de llegar al trono, no sólo el asiento-misericordioso de la gracia, sino a los amantes brazos del Salvador y a al conocimiento seguro del perdón de sus pecados.

PRIMER PASO
"Descubrimiento del Pecado"

"Por cuanto todos pecaron, y están destituidos de la gloria de Dios" (Romanos 3:23).

"Si decimos que no tenemos pecado, nos engañamos a nosotros mismos" (1 Juan 1:8).

Yo soy un pecador. Yo he pecado en contra de mi Dios, en contra de mi vecino y en contra de mi propia alma. He pecado en mis sentimientos, en mis pensamientos, en mi conversación y en mis acciones. Yo he pecado en casa, en mi familia; y he pecado en el mundo, en mis negocios y placeres. Yo he hecho las cosas que no debí haber hecho y he dejado de hacer las cosas que debí haber hecho. *Yo libremente admito que es así. No encubriré mis pecados.* Mis pecados son más numerosos que lo que yo pudiera contar, y graves más allá de la posibilidad de cálculos. Mis pecados han deshonrado a mi Padre Celestial, han tratado con desprecio el sacrificio de mi Salvador, han ejercido una influencia mala sobre los miembros de mi propia familia y sobre aquellos que me han conocido en el mundo. Yo merezco el desagrado eterno de Dios y veo, que si muero en mis pecados, caeré en la condenación del infierno. ¡Oh, Dios, ten misericordia de mí!

SEGUNDO PASO
"Tristeza por el Pecado"

"Mas el publicano estando lejos no quería ni aún alzar los ojos al cielo, sino que se golpeaba el pecho, diciendo: Dios, sé propicio a mí pecador" (San Lucas 18:13).

"Porque la tristeza que es según Dios, produce arrepentimiento para salvación", (2 Co. 7:10).

No solamente veo que he pecado en contra de Dios sino que también estoy verdaderamente triste por haberlo hecho así. Yo odio mis malos caminos y me odio a mí mismo por haberlos seguido. Yo estoy acongojado por causa de mis pecados, no solamente porque ellos me han expuesto al castigo eterno, sino porque los he cometido en contra de mi Padre Celestial, el cual me ha amado continuamente y ha tenido cuidado de mí. Si yo pudiera deshacer mi pasado, alegremente lo haría así; ¡pero, ay de mí! Yo no puedo. Los pecados que yo he cometido están escritos en contra de mí en el Libro del Recuerdo de Dios. No hay oraciones que yo pudiera ofrecer, ni lágrimas que yo pudiera derramar, ni lamentos que yo pudiera hacer, ni buenas obras que yo pudiera realizar. No pueden remover tan terrible expediente. Mi única esperanza es la misericordia perdonadora de Jesucristo, quien ha dicho: "Al que a Mí viene, no le echo fuera", (San Juan 6:37).

TERCER PASO
"Confesión de Pecado"

"El que encubre sus pecados, no prosperará, el que los confiesa y se aparta alcanzará misericordia" (Proverbios 28:13).

"Si confesamos nuestros pecados, El es fiel y justo para perdonar nuestros pecados y limpiarnos de toda maldad" (1 Juan 1:9).

No solamente estoy triste a causa de mis pecados, sino que los confieso y los reconozco delante de Dios. Yo no tengo excusa que presentar por ellos. Puede ser verdad que mucha de la maldad de que soy culpable haya sido cometida en ignorancia. Yo no conocía a Dios, ni mis deberes para con El, ni la grandeza del amor de mi Salvador al morir por mí. Yo ignoraba la mala influencia que mi conducta y ejemplo ejercían sobre otras personas. Pero, esta ignorancia no es una excusa real, porque yo debí haber sabido mejor. Yo debí haber leído mi Biblia y escuchado a los que me habían enseñado. Yo debí haber pensado en mi alma y clamado a Dios por ayuda. Pero, yo no lo hice y por consecuencia mi boca está cerrada ante El. Y aquí y ahora yo confieso ante Dios que soy un pecador culpable, sin excusa, merecedor de Su ira, ahora y para siempre.

No solo hago esta confesión en privado a Dios, pero, viendo que he pecado ante mi familia y ante las gentes a mi alrededor, yo estoy listo a confesar mi pecaminosidad y mi tristeza a causa de ella, mientras tenga oportunidad, ante el pueblo del Señor, ante mi propia familia y ante el mundo. No habiendo sentido vergüenza por mi pecado en la presencia de otros, estoy listo a reconocerlo en presencia de ellos.

CUARTO PASO
"Desechar el Pecado"

"Deje el impío su camino, y el hombre inicuo

sus pensamientos; y vuélvase a Jehová, el cual tendrá de él misericordia, será amplio en perdonar" (Isaías 55:7).

No solamente veo que soy un pecador y odio mis pecados y los confieso ante Dios y ante los hombres, sino que ahora mismo, con la ayuda de Dios, renuncio y dejo cada uno de ellos. Cualquier placer que estos me hayan proporcionado en el pasado y cualquier ganancia terrenal que ellos puedan prometerme en el futuro, aquí y ahora mismo, en el poder de Dios, los desecho y prometo que no volveré a tomarlos otra vez.

QUINTO PASO
"Pedir Perdón por el Pecado"

"El es quien perdona todas tus iniquidades", (Salmo 103:3).

"Venid luego, dice Jehová, y estemos a cuenta: Si vuestros pecados fueren como la grana, como la nieve serán emblanquecidos: si fueren rojos como el carmesí, vendrán a ser como blanca lana" (Isaías 1:18).

Sintiéndome muy avergonzado por haberme rebelado en contra de mi Padre Celestial al haber despreciado Su amor, violado Sus mandamientos y ejercido influencia en otros para hacer lo mismo, aquí y ahora mismo, sobre mis rodillas, me someto al Señor, orando humildemente que El tenga misericordia de mí, miserable pecador, y pidiéndole en el nombre de Cristo que perdone todos mis pecados, que me reciba en Su favor y que me haga, indigno como soy, un miembro de Su familia.

SEXTO PASO
"Consagración"

"Cualquiera pues, que me confesare delante de los hombres, yo también le confesaré delante de mi Padre que está en los cielos" (Mt. 10:32).

"Mas, vosotros sois linaje escogido, real sacerdocio, nación santa, pueblo adquirido por Dios, para que anunciéis las virtudes de aquel que os llamó de las tinieblas a su luz admirable", (1 Pedro 2:9).

Yo prometo a Dios, aquí y ahora mismo, en su poder y con todo mi corazón, que si El me perdona y me recibe en su favor, desde ahora me ejercitaré en ser Su siervo fiel, prometiendo pasar el resto de mis días haciendo lo que pueda para Su gloria, para la extensión de Su Reino y para la salvación de los que me rodean.

SEPTIMO PASO
"Fe"

"Porque por gracia sois salvos, por medio de la fe; y esto no de vosotros, pues es don de Dios; no por obras, para que nadie se gloríe", (Efesios 2:8-9).

Yo creo que Jesucristo, el Hijo de Dios, en Su gran misericordia y amor murió por mí y en mi lugar, llevando mis pecados en Su propio cuerpo en la cruz. Y creyendo esto, aquí y ahora mismo le recibo en mi corazón como mi Salvador del infierno, del pecado y del poder del diablo. Le acepto como Señor de mi vida y aquí y ahora mismo dedico mi vida a agradarle. Jesucristo dice en la Biblia que si yo vengo a El, de ninguna manera habrá de desecharme; y yo vengo a El de todo corazón, ahora, como un pobre, inhábil, culpable pecador en busca de salvación. Confiando solamente en Su Sangre, yo estoy seguro de que El no me rechaza. Yo creo que en este mismo momento El me recibe. El ahora me perdona. Su preciosa Sangre limpia todos mis pecados. El fue herido por mis transgresiones; fue molido por mis pecados, el castigo que yo debí haber llevado fue puesto sobre El y El lo llevó por mí. Yo se que soy ahora perdonado. ¡Gloria al Señor! ¡Jesús me salva ahora mismo!

SIETE SUGESTIONES PARA UNA VIDA CRISTIANA TRIUNFANTE

—Cómo Ser un Cristiano Feliz—

Ahora que USTED se ha convertido en un hijo de Dios, el buen éxito y crecimiento de SU vida cristiana dependen de usted.

La bendición de cada vida cristiana y verdadera para su propia comunidad es indiscriptible. Aún cuando otros rehusarán leer la Biblia, *su vida será diariamente leída por ellos.* A fin de que usted pueda vivir una vida cristiana útil y gozosa, y traer así bendición a todos los que le rodean, he preparado las siguientes sugerencias. Léalas cuidadosamente y practíquelas diariamente hasta que se hagan parte de su propia vida. Aunque breves, son de vital importancia y serán atesoradas por usted durante toda la jornada de la vida y producirán bendición incontable en la vida de miles de personas que le observan.

1. ESTUDIE LA BIBLIA. Separe por lo menos quince minutos diariamente para estudio bíblico. Deje que Dios le hable durante quince minu-

tos cada día por medio de Su Palabra. Hable usted a Dios diariamente durante quince minutos en oración. Entonces hable POR Dios durante quince minutos cada día dando su testimonio personal a otros.

"Desead, como niños recién nacidos, la leche espiritual, no adulterada, para que por ella crezcáis para salvación", (1 Pedro 2:2). La Palabra de Dios es alimento para el alma.

Aprenda de memoria un versículo de las Escrituras cada día.

Unase a una buena clase bíblica, (Sal. 119:11).

2. ORE MUCHO. Orar es hablar a Dios. Hablarle a El acerca de todo, sus perplejidades, sus alegrías, sus tristezas, sus pecados, sus errores, sus amigos y sus enemigos. Hablarle como usted le hablaría a su propio padre. Hablarle en su propio lenguaje diario.

"Por nada estéis afanosos; sino sean conocidas vuestras peticiones delante de Dios en toda oración y ruego, con acción de gracias", (Fil. 4:6).

3. GANE OTROS PARA CRISTO. Para tener crecimiento espiritual usted necesita no solo alimento (estudio bíblico) sino también ejercicio. Trabaje para Cristo. La tarea que Cristo nos ha encomendado es la de ganar otros para El.

"Id por todo el mundo y predicad el Evangelio a toda criatura" (Marcos 16:15).

Si están enfermos, ore por ellos, (lea Mateo 25:31-46).

"Estas señales seguirán a los que creyeren, sobre los enfermos pondrán sus manos, y sanarán" (Marcos 16:18).

"Cuando Yo dijere al impío: De cierto morirás y tú no le amonestares, ni le hablares, para que el impío sea apercibido de su mal camino, a fin de que viva, el impío morirá por su maldad, pero su sangre demandaré de tu mano" (Ez. 3:18).

4. EVITE LOS MALOS COMPAÑEROS. Evite la gente mala, malos libros y pensamientos malos. Lea el Salmo primero.

"No os unáis en yugo desigual con los incrédulos; porque ¿qué compañía tiene la justicia con la injusticia? ¿y qué comunión la luz con las tinieblas? ¿o qué parte el creyente con el incrédulo? Por lo cual salid de en medio de ellos, y apartaos, dice el Señor", (2 Corintios 6:14-17). Trate de ganar a los impíos para Dios, pero no los seleccione como sus compañeros.

5. UNASE A UNA BUENA IGLESIA. Asegúrese que la iglesia a la cual usted se une, cree y enseña que la sangre de Jesucristo limpia de pecados, y que las heridas de Jesucristo sanan nuestras enfermedades; esté seguro que es una iglesia cuya doctrina concuerda con el contenido de este libro.

Sea fiel en sus asistencia a todos los servicios de la iglesia. *"No dejando de congregarnos como algunos tienen por costumbre"* (Hebreos 10:25).

Coopere con su pastor. Dios ha designado al pastor como tal en la iglesia y usted debe guardarle el respeto debido y procurar ayudarle en todo plan cuyo fin sea el adelanto de la causa de Cristo en esa iglesia.

6. CONTRIBUYA PARA EL SOSTEN DE LA OBRA DEL SEÑOR. Dé conforme el Señor le ha prosperado (vea 1 Corintios 16:2).

"No con tristeza ni por necesidad, porque Dios ama al dador alegre" (2 Corintios 9:7).

7. NO SE DESANIME. Espere tentaciones, desalientos y persecución; la vida cristiana es una lucha.

"Y también todos los que quieren vivir piadosamente en Cristo Jesús, padecerán persecución", (2 Timoteo 3:12).

El Dios eterno es tu refugio. Tenemos la promesa que todas las cosas, aún las más duras y extrañas dificultades, obran conjuntamente para nuestro bien (Romanos 8:28). Muchos de los ilustres santos de Dios fueron una vez tan débiles como usted, pero, en medio de la misma clase de pruebas que usted ha de encontrar, permanecieron firmes en la fe, y sus vidas fueron enriquecidas por sus experiencias y el mundo fue hecho mejor porque vivieron en él.

Dios siempre ha advertido a aquellos a quienes ha llamado que nunca deben atemorizarse ni desanimarse, porque El ha prometido: *"No temas, que Yo soy contigo; no desmayes, que Yo soy tu Dios que te esfuerzo; siempre te ayudaré, siempre te sustentaré con la diestra de mi justicia" (Isaías 41:10).*

Lea a menudo o memorice los siguientes versículos de la Biblia: Romanos 8:18; Santiago 1:12; 1 Corintios 10:13.

BAUTISMO EN AGUA. Después de haber aceptado a Cristo como su Salvador personal como le hemos instruido, su próximo paso, de acuerdo con la Biblia es seguir el ejemplo de Cristo y ser bautizado en agua.

El bautismo en agua es un testimonio público de que usted ha aceptado a Cristo en su corazón, y por tanto, se está identificando con El en Su muerte, Su sepultura y Su resurrección. Su inmersión dentro del agua tipifica la muerte de Cristo y Su sepultura y es un testimonio de que su vieja vida de pecado está sepultada con El. Y ser levantado fuera del agua tipifica la resurrección de Cristo, y es un testimonio de que usted se ha levantado para andar en la novedad de Su vida (lea Romanos 6:3-6, y Colosenses 2:12).

El bautismo en agua, por tanto, viene *después* de la conversión verdadera, *no antes*. Es un testimonio de que usted *ya ha aceptado* a Cristo personalmente como su Salvador y Señor; *no que usted espera hacerlo así* algún día.

El bautismo en agua es importante porque Cristo dijo: "El que creyere y fuere bautizado, *(después* que cree, *no antes)* será salvo" (Mr. 16:16).

Lea la siguiente relación de aquellos que fueron bautizados en agua: Mateo 3:13-17; 28:19; Hechos 2:38; 8:35-38; 9:18; 16:30-33; 18:8; 19:5.

Siete Datos Bíblicos que Debemos Recordar

De modo que pueda asumir su nueva posición en la vida como hijo de Dios y como seguidor de Jesucristo y para que pueda disfrutar de las bendiciones y provisiones de esta nueva vida, aprenda estos siete datos bíblicos:

1. La vida eterna es SUYA (Jn. 3:16; Ro. 6:23).
2. Cristo llevó los pecados SUYOS para que usted fuera salvado (1 Pedro 2:24).
3. La salud divina es SUYA (Exodo 15:26; 23:25; Isaías 53:5).
4. Cristo llevó las enfermedades SUYAS para que usted fuera sanado (Mateo 8:17).
5. Dios promete suplir todas SUS necesidades (Salmo 37:25; Filipenses 4:19).
6. La autoridad sobre todos los demonios es SUYA (Lucas 10:19; Marcos 16:17).
7. El derecho a orar y a recibir la respuesta es SUYO (Juan 14:13-14; Marcos 11:24; Mateo 7:7-11).

CONCLUSION

"Así será mi palabra que sale de Mi boca; no volverá a Mí vacía, antes hará lo que Yo quiero, y será prosperada en aquello para que la envié", (Isaías 55:11).

Ahora que Ud. ha leído este libro, nos preguntamos cual será su opinión de este mensaje. Creemos que ha sido una bendición para Ud. Si ha sido una bendición para Ud., dígalo a sus amistades. Pida varias copias y préstelas a aquellas personas necesitadas para que también reciban su liberación. Haciendo esto estará ayudando a aquellos que le rodean y quizás sea el medio para que ellos encuentren la salvación al conocer estas verdades.

"NO TE NIEGUES A HACER EL BIEN A QUIEN ES DEBIDO, CUANDO TUVIERES PODER PARA HACERLO" (Proverbios 3:27).

Recuerde que el conocimiento trae consigo responsabilidad. Pase a otros la luz que ha recibido; a otros que están ligados y esclavizados por no haber recibido la enseñanza bíblica acerca de lo que el Señor les ofrece y ha provisto para su liberación de la ENFERMEDAD y el PECADO.

Ayúdenos a esparcir estas gloriosas verdades. Procure que su pastor y cada maestro que enseñe la Biblia tenga una copia de este libro. Pídales que lean y discutan estas verdades en sus reuniones. Invite a algunas de sus amistades y lea y discuta estas verdades con ellos. El mundo necesita esta LIBERACION y Ud. puede ayudar a esparcirla haciendo esto, si desea.

MUCHOS SON SANADOS MIENTRAS LEEN ESTE LIBRO, y contínuamente recibimos sus testimonios de cómo el Señor les ha sanado. Si Ud. es una de esas personas, entonces ESCRIBANOS SU TESTIMONIO de sanidad. Díganos cómo el libro le ha impactado a usted. Escríbanos aún mientras estas verdades están frescas en su mente y en su corazón.

Suyo para su liberación,

Evangelista T.L. Osborn

Centros de Literatura Cristiana
Apartado Aéreo 29720
Bogotá 1, D.E. Colombia S.A.